格物 致知
诚意 正心
修身
齐家 治国
平天下

中华传统文化名篇名著导读

王红丽 ◎ 主编

锦绣文心

上海浦江教育出版社

图书在版编目（CIP）数据

锦绣文心：中华传统文化名篇名著导读/王红丽主编.—上海：上海浦江教育出版社有限公司,2024.4
ISBN 978-7-81121-866-4

Ⅰ.①锦⋯　Ⅱ.①王　Ⅲ.①中华文化－高等学校－教材　Ⅳ.①K203

中国国家版本馆CIP数据核字（2024）第079828号

JINXIU WENXIN
——ZHONGHUA CHUANTONG WENHUA MINGPIAN MINGZHU DAODU
锦绣文心
——中华传统文化名篇名著导读

上海浦江教育出版社出版发行

社址：上海海港大道1550号　邮政编码：201306
电话：（021）38284910（12）（发行）　38284923（总编室）　38284910（传真）
E-mail：cbs@shmtu.edu.cn　URL：http://www.pujiangpress.com
上海光扬印务有限公司印装
幅面尺寸：155 mm×228 mm　印张：15　字数：210千字
2024年4月第1版　2024年5月第1次印刷
责任编辑：赵宏义　封面设计：彼美有薇
定价：58.00元

编 委 会

编委会主任： 王红丽

编委会成员（排名不分先后）：

王树江　杨　舒　张雪红　倪项根

郭　娜　崔玉娈

序

做优秀中华读书人

◎ 王红丽

2017年2月28日，上海海事大学教务处发布了《关于申报第七批上海海事大学通识教育选修示范课程建设项目的通知》，笔者积极申报了"传统文化与大学生人格修养"课程。示范课程获批后，团队老师充满热情地投入到课程建设的教学科研中。2018年，以该示范课程为基础的"传统文化与交通类高校大学生人格修养的教学内容及方法研究"获批2018—2020年度中国交通教育研究会交通教育科学研究课题立项。在老师们的不懈努力、学校和交通研究会的鼎力支持下，我们对中华优秀传统文化的学习、教学、研究一直没有中断，今天《锦绣文心——中华传统文化名篇名著导读》终于与广大读者见面了。

七年多来，我们在不断研读中华传统文化的过程中，就像鱼儿游历在广阔深邃的海洋中，呼吸着几千年来中华文化的氤氲之气，汲取着传统文化的丰盛养料，更深地体悟到了中华优秀传统文化的锦绣文心，进一步感知到了作为中华读书人的幸福，也因此更坚定了一生成为中华优秀读书人的信念。

本书作者们像一群辛勤的小蜜蜂在中华文库的浩渺花海中吸

吮花蜜，在自己学习成长的同时，吐出一缕缕的芳香，为同好人殷勤领路，以望与更多的同道在学习中华优秀传统文化的道路上一同成长和交流。

虽不敢妄自与陆机《文赋》所言的"收百世之阙文，采千载之遗韵"相提并论，但也求"耽思傍讯，精骛八极，心游万仞"。虽不能至，心向往也。愿吾辈中华儿女都能领略中华千年锦绣之文心，赓续中华文脉使之万古流芳。

第一篇导读的作品《诗经》，堪为中华之史诗。她之久远、之优美、之深邃、之磅礴就像长江黄河天上来，深深地滋养了中华文化的沃土，绽放出了灿烂中华文化之花朵。《诗经》虽已流传久远，但其中蕴含的中华血脉真性情却亘古不变。正是这《诗经》中的脉脉温情——恋情、亲情、家国情，通过一字一句诗意般的述说，构建起不朽的中华文明。正是这些情怀，维系着每一寸河山，维系着每个人心中的家国。可以说，《诗经》让每一个中国人有了诗心。《诗经》蕴含的精神虽历经几千年之久，却依然在我们当今中华儿女的心头萦绕。

第二篇之《论语》，是每个中国人都应该耳熟能详的智者言行。子曰"学而时习之，不亦说乎""温故而知新""知之者不如好之者，好之者不如乐之者""学而不思则罔，思而不学则殆"则更教导了我们要善学、乐学、会学。细读论语，千年前圣人及其弟子孜孜不倦求学问道的场景跃然纸上，一部《论语》，诠释着流传千载的"仁、义、礼、智、信"。

第三篇之《大学》，全面总结了先秦儒家关于人格修养、道德的作用及其与治国平天下的关系，其提出的"三纲领"（明明德、亲民、止于至善）和"八条目"（格物、致知、诚意、正心、修身、齐家、治国、平天下），强调修己是治人的前提，修己的目的是治国平天下。

第四篇之《孟子》，从中可以读出一身浩然正气走天下的孟子。千百年来，孟子的浩然正气回荡于天地之间！何必曰利？仁义而已矣！孟子的性善论将人与动物的几希区别点出，这种智慧中闪耀的仁义之光，千百年来引导人们向上向善，激励王阳明创立心学，激励统治者以民为本，真正善治，真是善莫大焉。

第五篇之《道德经》，与《易经》《论语》一起被誉为影响国人最深远的三部中国传统文化典籍。这部上下五千言的传世奇书，在历史长河的淘漉之下，依然焕发着生生不息的智慧力量与夺目光彩，不但在中华大地流传不息，在世界上也有很高的声誉，并成为全球文字出版发行量最大的论著之一。我们中华儿女怎可不知、怎可不读啊？

第六篇之《资治通鉴》，是中国历史上最权威、最重要的编年体史书。作为一部记述了跨越千年、历经16朝历史的著作，内容包含了帝王治国理政思想，历史人物的功过得失警示，还有历史上发生的重大事件、地理的变迁等等。丰厚饱满的历史故事、浩瀚沉重的历史痕迹，在翻阅书籍的过程中一步一步展现出来，其中蕴含的智慧经验，对于提升个人修养和治国理政都发挥着极大的作用。

第七篇之杜甫诗歌导读为广大读者鲜明地勾勒出了"诗圣"的形象。有唐一代，诗人璀璨犹如天幕上的繁星，各有其形状和光亮。杜甫有"致君尧舜上，再使风俗淳"的宏伟抱负。杜甫虽然在世时名声并不显赫，但对后世却影响深远。他的诗具有丰富的社会内容、强烈的时代色彩和鲜明的政治倾向，真实深刻地反映了安史之乱前后一个历史时代政治时事和壮阔的社会生活画面，因而被称为一代"诗史"。杜甫的精神价值跨越了漫长时空，依然熠熠生辉，值得后人去仰慕，去走近，去体味。

第八篇之《红楼梦》是四大名著之一。她的伟大之处在于每次读她，都会带来不一样的感受，而且随着人生经历的丰富，这种感受愈益深切。本篇导读在揭示《红楼梦》创作历史背景的同时，还围绕宝黛钗三人的情感纠葛进行了探析，让读者品味出宝黛钗三个人物在书中的展现，绝不仅仅是爱情恩情那么简单。《红楼梦》作为一部可以让人爱不释手的人生教科书，会给人以美的熏陶。

中华传统文化源远流长，中华民族精神蕴藏在这些伟大的典籍里，这些锦绣文心作为我们民族的精神之源，依然为后人指引征程。

我们当从学习典籍的过程中积累起丰厚的文化底蕴，深究传统文化的精髓，实现优秀传统文化的创造性转化和创新性发展，传承中华优秀传统文化的基因，潜移默化为我们的思维方式和行为方式。

文以载道，以文化人。让我们做一个优秀的中华读书人，让中华文化之锦绣文心深入脑海，镌刻心中，奔腾流淌在我们的血液里，指引我们的言行。

参与本次导读的作者有七位，每位作者的思想和水平不同，导读的角度和风格各具特色，加之主编的水平有限，书中难免有不足之处，恳请读者指正！

目 录

序
做优秀中华读书人　　　　　　　　　　王红丽　[001]

诗词中国美无度
《诗经》导读　　　　　　　　　　　　王红丽　[001]

当为君子儒
《论语》导读　　　　　　　　　　　　杨　舒　[035]

格物致知　止于至善
《大学》导读　　　　　　　　　　　　张雪红　[067]

力利世界中的逆行者
《孟子》导读　　　　　　　　　　　　崔玉娈　[084]

用慧眼观万象的守道人
《道德经》导读　　　　　　　　　　　崔玉娈　[120]

重启智慧的历程
《资治通鉴》导读　　　　　　　　　　王树江　[159]

力能排天斡九地　壮颜毅色不可求
杜甫诗歌导读　　　　　　　　　　　　倪项根　[190]

历史社会视角下的《红楼梦》
《红楼梦》导读　　　　　　　　　　　郭　娜　[206]

后记　　　　　　　　　　　　　　　　　　[228]

诗词中国美无度

《诗经》导读

◎ 王红丽

  《诗经》作为我国最早的诗歌总集，也是我国诗歌的源头。从西汉开始，《诗经》更被奉为儒家《五经》之首，成为中国历代儒生必须精心研读的经典之一，对中国文化尤其是中国文学产生了深远的影响。说中国是诗词中国，恐怕无人有异议。每一个中国的孩子刚学会说话，父母家人就会给孩子教上几首唐诗。李白的《静夜思》人人都能朗朗上口，杜甫的《春夜喜雨》也时有所闻。《唐诗三百首》原序，蘅塘退士引谚："熟读唐诗三百首，不会作诗也会吟。""诗至唐，无体不备，亦无派不有。"《四库全书总目》如是云，故前人尽言"诗莫备于唐，诗莫盛于唐"。中国诗歌能发展到这样的高度，加上后来的宋词、元曲和明清小说等等，与我们中华文化最早的诗歌总集《诗经》都有着不可分割的联系。即使没有专门学习过《诗经》的人，也会自然地背诵出"关关雎鸠，在河之洲""它山之石，可以攻玉"之类的句子。本书第一篇就要给大家介绍这部大家或许熟悉、或许陌生的《诗经》。希望我们从美的感受开始，领略中华文化的博大精深和无比的美妙之处。

一 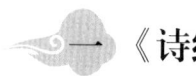《诗经》概说

提到《诗经》,我们似乎既熟悉又陌生,《诗经》中的有些篇目我们耳熟能详,有些成语如"一日三秋""丹凤朝阳""如临深渊,如履薄冰"等等我们常常在用,它们都是来自《诗经》。有些父母也经常从《诗经》里面去为孩子取名。但《诗经》到底是怎样一部经典?它是什么时候由什么人为什么而做?它的发展过程如何?从古至今怎样流传?如果我们对这些问题了解得不那么详细,且看以下概说。

(一)《诗经》及其成书过程

《诗经》全方位、多侧面、多角度地记录了从西周到春秋的历史发展与现实状况,在相当程度上反映、表现了周代的礼乐文明。《诗经》在中国文学史上具有崇高的地位和深远的影响,奠定了中国诗歌的优良传统,中国诗歌艺术的民族特色由此肇端。

人人皆知《诗经》是我国最早的一部诗歌总集,但《诗经》最早并不直接叫《诗经》,而是叫《诗》或《诗三百》。《诗经》收录了自西周初年至春秋中期五百多年的诗歌,共311篇,其中6篇为笙诗,即只有标题,没有内容,所以我们常说诗经的作品是305篇。先秦称为《诗》,或取其整数称《诗三百》。西汉时被尊为儒家经典,始称《诗经》,并沿用至今。《诗经》中诗的作者,绝大部分已经无法考证。

胡适先生认为《诗经》不是一个时代辑录成的,《诗经》里面的诗是后人慢慢收集起来,成现在这么样的一本集子。最古的是"周

颂",次古的是"大雅",再迟一点的是"小雅",最迟的就是"商颂""鲁颂""国风"了。"大雅""小雅"里有一部分是当时的卿大夫作的,其中只有几首有作者的署名;"大雅"收集在前,"小雅"收集在后。"国风"是各地散传的歌谣,由古人收集起来的。这些歌谣产生的时候大概很古,但收集的时候却很晚了。我们研究《诗经》里面的文法和内容,可以说《诗经》里面包含的时期在五六百年左右。

朱自清先生认为,诗的源头是歌谣。上古时候,没有文字,只有唱的歌谣,没有写的诗。一个人高兴的时候或悲哀的时候,常常将自己的心情倾诉出来,说给别人或自己听。日常的言语不够劲儿,便用歌唱,一唱三叹得叫人回肠荡气。有了文字以后,才有人将那些歌谣记录下来,这便是最初写的诗了。周王朝的乐官之长太师专门负责乐歌的搜集、使用和保存的工作。他们不仅搜集本国乐歌,还搜集别国乐歌;不仅搜集乐词,还搜集乐谱。除了这种搜集的歌谣以外,太师们所保存的还有贵族们为了特种事项,如祭祖、宴客、新居落成、出兵、打猎等所作的诗,这些可以说是典礼的诗。又有讽谏、颂美等等的献诗;献诗是臣下作了献给君上,准备让乐工唱给君上听的,可以说是政治的诗。太师们保存下这些唱本儿,带着乐谱,唱词儿共有三百多篇,当时通称作《诗三百》。到了战国时代,贵族渐渐衰落,平民渐渐崛起,新乐代替了古乐,职业的乐工纷纷散走,乐谱就此亡失,但是还有三百来篇唱词儿流传下来,便成《诗经》了。

北京师范大学李山教授认为,《诗经》风雅颂中,雅、颂最早,是西周时期的作品,其中《周颂》和《大雅》最早,其次是《小雅》的一些篇章,为西周晚期诗篇。《国风》的大多数作品是春秋时期的,大概到春秋中期,《国风》诗篇的采集加工就大体结束了。从西周到春秋中期，这段时间大概有五百年。

《诗经》的作者身份很复杂，产生的地域也很广。除了周王朝乐官制作的乐歌，公卿进献的乐歌，还有许多原来流传于民间的歌谣。周王朝派有专门的采诗人到民间搜集歌谣，以了解政治和风俗的盛衰利弊。河南大学教授陈昌远在《诗经溯源》中，提出这些民歌是由各国乐师搜集的。各个时代从各个地区搜集来的乐歌，由周王室的"守藏室"官员对那些面貌各异的作品进行加工整理，有所淘汰，有所修改。《诗》在洛邑的定稿，是老子完成的。孔子入周问礼，抄录了这个定稿，以此来教育弟子，成为儒家的经典，被尊为《诗经》。

可以认为，由官方制作乐歌并搜集和整理民间乐歌，是周王朝的文化事业之一，这在《诗经》时代是不断进行着的。

秦代曾经焚毁包括《诗经》在内的所有儒家典籍，但由于《诗经》是易于记诵的、士人普遍熟悉的书，所以到汉代又得以流传。汉初传授《诗》的共有四家，也就是四个学派：齐之辕固生，鲁之申培，燕之韩婴，赵之毛亨[①]、毛苌，简称齐诗、鲁诗、韩诗、毛诗（前二者取国名，后二者取姓氏）。齐、鲁、韩三家属今文经学，是官方承认的学派，毛诗属古文经学，是民间学派。东汉以后，毛诗日渐兴盛，并为官方所承认；前三家则逐渐衰落，到南宋就失传了。今天我们看到的《诗经》，就是毛诗一派的传本。

《诗经》并不是现代意义上讲的诗，而是诗乐舞一体的一种文学样式，更准确地说流传下来的是歌词。今天我们已经难以根据这些歌词还原当时的舞乐环境，只有在学习吟诵时可以想象当时的情景。

孔子与《诗经》的关系十分密切。我们首先探究"孔子删诗"

[①] 毛亨本为鲁国（今山东曲阜一带）人，战国末年为避难而隐居于赵国武垣县（今沧州市河间市），入籍河间，遂成本地人。

说。《史记·孔子世家》："古者诗三千馀篇,及至孔子,去其重,取可施于礼义……三百五篇。"后世学者对此说颇有争议,迄未定论。胡适先生认为,孔子并没有删《诗》,"诗三百篇"本是一个成语。从前的人都说孔子删《诗》《书》,把《诗经》十去其九。照这样看起来,原有的诗应该是三千首。可见,"孔子删诗"说是不准确的。唐朝的孔颖达也说孔子的删《诗》是一件不可靠的事。假如原有三千首诗,真的删去了二千七百首,那在《左传》及其他古书里面所引的诗应该有许多是三百篇以外的,然而古书里面所引的诗不是三百篇以内的仅寥寥几首。可见前人说孔子删《诗》的话是不足为信的。

《论语》记孔子说:"吾自卫返鲁,然后乐正,雅颂各得其所。"孔子整理《诗经》的音乐应该是有的。

总体来说,《诗经》的创作历程大约有五六百年,从最初宗庙祭祀的歌唱发轫,经由各种典礼乐章的创作,再到政治哀怨的抒发,终于变化为风诗的艺术境界。其中经过了秦朝的焚毁,汉朝的恢复,再到四家诗传承,最后只剩下今天的毛诗。历经各朝各代朝堂或民间的或恨之入骨或顶礼膜拜或追寻诗经真义般的淘洗和传承研习,成就了我们今天见到的模样。

(二)《诗经》的世界传播

从东汉到北魏,西域各国贵族子弟多来洛阳太学学习。两《唐书》记载,通过丝绸之路中国与西亚各国有着广泛的经济文化交流,波斯等国多有通汉学者。唐建中二年(公元781年)所立《大秦景教流行中国碑》的撰写者景净是波斯人,他在碑文中引用《诗经》二三十处。

中国与东南亚的文化交流始于汉代,作为五经之首的《诗经》得到广泛的传播，士人无不熟诵《诗经》。古代越南李朝、陈朝、黎朝、阮朝的科举考试，均以《诗经》为主要科考内容。古代越南文学作品中广泛引用《诗经》名句和典故，某些典故还保存在现代越南语言中。

东汉时期，《五经》传入朝鲜半岛。唐朝时期，新罗统一朝鲜半岛后，规定《诗经》为官吏必读书之一。其后的高丽王朝实行科举制，定《诗经》为士人考试科目。1728年，金天泽编纂的朝鲜第一部时调作品总集《青丘永言》，开拓了朝鲜诗歌创作的宽广道路，而《青丘永言》的序文就言明借鉴了《诗经》的编纂思想和经验。

汉文在东汉或者更早时期传到日本列岛，在隋唐时期汉文在日本上流社会开始流行，并在此基础上产生了日文。《诗经》的第一个日译本出现在唐朝后期。日本和歌的诗体、内容和风格都深受《诗经》影响。诗人纪贯之等人编纂的《古今和歌集》，其序言几乎是《毛诗序》的翻版。

《诗经》在欧洲的传播开始于16世纪，到19世纪初叶，以法国为中心的欧洲汉学升温，《诗经》译介呈现繁荣景象。欧洲的主要语种都有了全译本，而且趋向雅致和精确。北美在20世纪初期才开始《诗经》译介，美国新诗运动领袖意象派大师埃兹拉·庞德的选译本《孔子颂诗集典》，向美国读者大力推介《诗经》，曾引起热烈讨论。清朝时，《诗经》通过万里茶道传到俄国，出现15种《诗经》译本。苏联时期，费德林等汉学家又将《诗经》用现代俄文重译，东欧各国也都出现了《诗经》的译本。目前，《诗经》正以几十种语言在世界传播，在各国的《世界文学史》教科书上都有评介《诗经》的章节，"诗经学"成为世界汉学的热点。

（三）《诗经》的"六义"和"六诗"

谈到《诗经》的"六义"和"六诗"，我们有些人可能比较熟悉，有些人可能还是比较陌生的。这是我们学习和研究《诗经》要搞清楚的一个基本问题。

"六义"的名称最先见于《毛诗序》。《毛诗序》这样写道："故诗有六义焉：一曰风，二曰赋，三曰比，四曰兴，五曰雅，六曰颂。"其实，在《毛诗序》之前，《周礼·春官》已有"大师教六诗"的记载："教六诗：曰风，曰赋，曰比，曰兴，曰雅，曰颂。"其中"六诗"的内容和排序与《毛诗序》中所讲的"六义"相同。同样是风、赋、比、兴、雅、颂，《毛诗序》称为"六义"，而《周礼》称之为"六诗"。虽然后世对"六义"和"六诗"作了不同的解释，但基于它们所指内容一致，"六义""六诗"应该作为一个概念来理解。

关于"六义"的解释历来说法颇多，影响力最大的是郑玄的解释。郑玄注《周礼》"六诗"云："风，言贤圣治道之遗化也。赋之言铺，直陈今之政教善恶。比，见今之失，不敢斥言，取比类以言之。兴，见今之美，嫌于媚谀，取善事以喻劝之。雅，正也，言今之正者，以为后世法。颂之言诵也，容也，诵今之德广以美之。"

纵观历代经学家对"诗经六义"的研究，就"诗经六义"的类别而言，历史上主要有三种不同的解释。一是"诗六义"为"三体三用"之说，即以风、雅、颂为三体，赋、比、兴为三用，以郑玄为代表。二是"诗六义"皆诗体之说，即风、雅、颂、赋、比、兴为诗体，庄有可、章太炎即力主此说。三是"诗六义"都是写作手法，是六种陈述的方式，即"曰风者，谓风动之也；曰赋者，谓赋陈其事也；曰比者，直比之；曰兴者，因物而兴起；曰雅者，正言其事；曰颂者，称颂德美"，以程颐、程颢为代表。但是，这三种说法中，还数第一种"三体三用"说法影响最大，占据主导地位。即以风、雅、颂为《诗经》中诗歌的三种体裁，而赋、比、兴则为三种体裁的表现手法。后来孔颖达发挥了此说，孔疏云："风雅颂者，诗之异体，赋比兴者，诗文之异辞耳，大小不同，而得并为六义者。赋比兴是诗之所用，风雅颂是诗之成形。"南宋大儒朱熹基本也沿用这种解释，并且在《诗集传》中对于赋、比、兴解释得更加详细："兴者，先言他物以引起所咏之词也"，"赋者，敷陈其事而直言之也"，"比者，以彼物比此物也。"所以，"三体三用"说影响最大，今人也多作此理解。

简要来说，风雅颂现在多理解为将《诗经》依体裁与音乐对诗歌所分出的类型。"风"是不同地区的音乐，大部分是民歌；"雅"是宫廷宴享或朝会时的乐歌，分为"大雅"与"小雅"，大部分是贵族文人的作品；"颂"是宗庙祭祀用的舞曲歌辞，内容多是歌颂祖先的功业。赋、比、兴原都约含有政治和教化的意味。赋本是唱诗给人听，但在《大序》里，也许是"直铺陈今之政教善恶"的意思。比、兴都是《大序》所谓"主文而谲谏"；不直陈而用譬喻叫"主文"，委婉讽刺叫"谲谏"。说的人无罪，听的人却可警诫自己。后来，赋比兴便变成写作的手法了，并沿用至今。

（四）《诗经》的"大序"和"小序"

《诗经》有所谓"大序"和"小序"之说。"大序"为《关雎》题解之后作者所作的全部《诗经》的总的序言，"小序"是《诗经》305篇中每一篇的序言。一般所说的《毛诗序》即指大序。关于"大序"和"小序"的作者，也是一桩有意思的公案。一说为孔丘弟子子夏作，一说为汉人卫宏为《诗经》所作。一直到清代，众人还是各持一辞争执不下。综合各议,《四库全书总目》认为序首二语,也就是《关雎》题解的小序,为毛苌以前经师所传,小序之后的大序,为毛苌以下弟子所附。也就是说《毛诗序》总结概括了先秦以来儒家对《诗经》的理论主张,经汉景帝时赵人毛苌之手又有重要发展,并形成文章,其后再由毛苌弟子辈不断加以修订完善而成。

《毛诗序》对后世诗论有深远影响。后人研读《诗经》,总要关注大序小序的说法,即使不同意《毛诗序》的说法,也要说明理由。另外,《毛诗序》尽管文字篇幅不长,只有六七百字,但却是一篇具有开创意义的诗歌理论专论文章,内容极为丰富。它对诗歌的性质、内容、分类、审美特征、表现方法、社会作用等等方面都作了比较系统而明晰的阐述,具有特别的意义。

 二 《诗经》的主要内容

作为中国上古文化的渊薮,诗经汇聚了传说、神话、巫术、礼仪、祭奠、信仰、艺术原型、语言表象、名物制度、生活习俗、社会家庭组织形态等,是一部包罗万象的百科全书。《诗经》的内容十分广泛,几乎涉及周代社会生活的方方面面,并深入到当时人们内心世界的各个层面,是一部不可多得的周代社会历史的生动画卷,具有极高的文学价值和史学价值。

《诗经》分为《风》《雅》《颂》三部分。《风》包括《周南》《召南》《邶风》《鄘风》《卫风》《王风》《郑风》《齐风》《魏风》《唐风》《秦风》《陈风》《桧风》《曹风》《豳风》,共十五国风,一百六十篇;《雅》包括《大雅》三十一篇,《小雅》七十四篇;《颂》包括《周颂》三十一篇,《商颂》五篇,《鲁颂》四篇。

这些诗篇，并不是我们现代意义上的诗歌，就其原来性质而言，是歌曲的歌词。《墨子·公孟》说："颂诗三百，弦诗三百，歌诗三百，舞诗三百。"《史记·孔子世家》又说："三百五篇，孔子皆弦歌之，以求合韶、武、雅、颂之音。"《风》《雅》《颂》三部分的划分，就是依据音乐的不同。

《诗经》有三百多篇，创作的时间跨度和地域跨度都很大，内容极其丰富生动，要介绍《诗经》的内容几乎是一件不可能完成的事情。在此，笔者黾勉从事，通过以下五个大类简要介绍一下《诗经》的主要内容，这个部分的标题多来源于诗经原句。

（一）窈窕淑女，君子好逑——《诗经》中的婚恋情爱诗

人们读《诗经》，第一篇就读到《关雎》，立即会被"关关雎鸠，在河之洲；窈窕淑女，君子好逑"这样美好的诗句吸引，感觉满口生香，不由得继续读下去。你有没有思考过一个问题，《关雎》放在《诗经》的第一篇，有什么特别的意义吗？

1. 首篇之"关雎"意味深远

《关雎》作为《诗经》中的第一篇，历来受人们重视。我们看《关雎》，只是讲一位青年男子在追求美丽贤淑的姑娘。此诗采用兴而有比的手法，以关雎的鸣声起兴，引出"窈窕淑女，君子好逑"这一主题，然后用赋的手法铺叙开来，形象生动地描绘出青年男子在追求自己心上人时焦虑急迫以及昼思夜想难以入眠的相思情景。诗中"窈窕淑女""悠哉悠哉""辗转反侧"等美妙词语，至今还被人们频繁使用着。然而，《关雎》却并不是一首简单的爱情诗。

关于《关雎》的主旨主要有以下几种看法：第一种是"刺康王"

说。据说，周康王有一天晚起了，负责监护周康王行为的官员不好直接批评周康王，就对着"晏（晚）起"的周康王念《关雎》，让康王自己反省以达到"刺康王"的目的。这就是"谲谏"，就是不直接提意见，拐弯上谏。第二种是表"文王之德"。这个观点大致从东汉《毛诗序》提出后，到欧阳修，到朱熹《诗集传》更是明确地说这首诗与周文王及文王夫人太姒有关。此后的许多经学家也一致认为若不是周文王，谁能有这样的德行啊？《毛诗序》说："《关雎》，后妃之德也。《风》之始也，所以风天下而正夫妇也。……乐得淑女以配君子，忧在进贤不淫其色，哀窈窕，思贤才，而无伤善之心焉。是《关雎》之义也。"第三种是"爱情诗"说，现代人大致是这样读《关雎》的，认为是一个少年在辗转思念一位少女。第四种是"恩情诗"说。持这一观点的是李山教授。他通过对《关雎》中的人称、乐器等分析，认为诗歌主要是用于婚姻缔结的典礼现场，祝愿新婚夫妻婚后和谐，恩深似海，家和事兴。

总体来说，作为《诗经》开篇的《关雎》历来深受人们的关注和喜爱，不同时代的人对此诗都有不同的解读，这也正是《诗经》参与塑造人们生活和民族文化的一种主要方式。不管怎么说，这首诗与爱情有关，与婚姻有关，与人们的感情生活和社会生活息息相关，具有强烈的情感色彩、美学价值和社会意义。

2.《周南·桃夭》之"少女"与"桃花"间的千年情缘

"桃之夭夭，灼灼其华。之子于归，宜其室家。"桃夭这首诗可以说是家喻户晓，诗人用桃花、桃子、桃叶来比喻新娘子的美貌，不只是希望她能如同桃花般艳丽明媚，更希望她的婚后生活也能像桃树结出硕大充盈的果实那样令家族人丁兴旺，还能像桃树茂盛的枝叶那样充实兴盛家庭。这种人美、家美、世代美实在是美美与共，让人美不胜美。从此以后,"少女"与"桃花"结下了千年的情缘,"桃花"与"少女"间形成了一个固定而紧密的文学搭配。《桃夭》这首诗打开了千古以来中国诗词歌赋关于女性容貌描写的宝盒。

3.一日不见如隔三秋——穿越时空的爱恋

《诗经》中表达男女爱恋之情的诗数不胜数,说起来难免挂一漏百。这里有"一日不见,如三岁兮!"所表达的对心上人的刻骨思念;有"死生契阔,与子成说。执子之手,与子偕老"的爱情誓约;有郑风中多首表现大胆少女敢于表达自己对少年嬉笑怒骂的洒脱之情;有《齐风·鸡鸣》里妻子催促丈夫起床,而丈夫赖床不起还找借口的幸福唠叨场景;还有《王风·君子于役》中表达的思妇"寂寞忧思对夕阳,最难消遣是黄昏"的动人画面,从这首诗歌开始"日暮黄昏"成为了一种具有特殊含义的文学意象;也有《卫风·氓》《邶风·谷风》等所表达的女性痴情,但遇人不淑,终遭抛弃的怨妇、弃妇诗。

《周南·卷耳》通过写一位妇人因为采摘卷耳的时候动了怀念之情,因思念远方的爱人而"出神忘我",通过"一筐扔在路边怎么也盛不满的卷耳"来表现出一往情深的样子。诗歌从第二章开始画面跳转,写丈夫在外旅途疲惫,借酒浇愁。短短的一首诗,从男女主人公两个方面去表现,这种写作手法给读者带来了强烈的画面感和戏剧感,使《卷耳》成为抒写怀人情感的名篇。《卷耳》这首诗对于表达"思念"的文学换位方式,影响了后来许许多多的中国诗歌和文学作品,是文学上"怀人"诗的鼻祖。

总之,《诗经》中表达男女情爱的内容十分丰富,俯拾即是,所表达的男女之情和婚姻状态千年之后也非常的逼真和动人,似乎人类在情感方面没有本质的改变,婚姻依然重要,情感依然动人,钟情男子和痴情女子依然遍地皆是。

（二）父母恩重，兄弟情深——《诗经》中表达的亲情

《诗经》中亲情类诗篇也有很多。所谓亲情，就是建立在血亲或者拟制血亲基础上的人际关系，如父母、兄弟姐妹（包括堂和表类的兄弟姐妹）、祖父母、外祖父母、七大姑八大姨还有甥舅等等，扩大一下也可以包括姻亲，即由缔结婚姻而形成的二姓之间的亲戚关系。在《诗经》时代，以周家为统治家族，周家人进而通过缔结婚姻将天下人结成一大家人，使全天下人渐渐都成了一家人，达到天下一家的效果。周朝强调以德治天下，孝敬父母更是天经地义。

1. 棘心夭夭，母氏劬劳——歌颂伟大的母爱

《邶风·凯风》就是一首歌颂母爱的诗歌。此诗以凯风吹彼棘心开篇，把母亲的抚育比作温暖的南风，母亲的大恩大德，堪称圣善。诗中的七个儿子总嫌自己做得还远远不够，与母亲的养育之恩相比，无以为报。《凯风》这首诗歌历来影响很大，"凯风"和"寒泉"的比喻实在太过形象，所以被后世很多的诗歌文章所借鉴使用。

《唐风·鸨羽》则表达由于儿子在外服役，不能奉养父母，极度忧愤的心情。"肃肃鸨羽，集于苞栩。王事靡盬，不能蓺稷黍。父母何怙？悠悠苍天，曷其有所！"以及后面反复表达的"父母何食？悠悠苍天，曷其有极！""父母何尝？悠悠苍天，曷其有常！"无奈而担忧的心情，一唱三叹，情感十分强烈。王事不以时，诗人服徭役繁重无期，致使诗人家中田地荒芜，以至于没有粮食糊口。诗人的控诉反映了当时晋国统治者的无道管理，只顾自己贪图享受，使百姓陷于水深火热之中。主人公多么希望一切的苦难能结束，回家尽孝，然

而现实却是劳役无归期,只能向苍天无助地呐喊,以抒发内心哀怨之情,此情此景动人至深。

《小雅·蓼莪》以"蓼蓼者莪"起兴,诗人自恨不如抱娘蒿,而是散生的蒿、蔚,由此而联想到父母的劬劳、劳瘁。诗句"父兮生我,母兮鞠我。抚我畜我,长我育我,顾我复我,出入腹我。欲报之德。昊天罔极!"对父母对子女的养育之恩进行了详尽的铺陈,道出了诗人对父母昊天罔极的恩德无以报答,恨不能去死的强烈情感,至今读来,仍然牵动我们的心扉。

父母恩重如山,但是子女忠孝不能两全,再加上徭役繁重无期,这种无奈、忧伤、激愤,在我们今天读来依然可以感同身受。今人也常想回家看看,但是由于工作繁忙,或没有假期,很多时候不能回家探望父母,有的留下终生的遗憾。

2. 凡今之人,莫如兄弟——手足之情莫忘怀

手足亲情是人类的普遍情感,也是文学的永恒主题。《小雅·常棣》就是中国诗史上最早歌唱兄弟友爱的诗作。"常棣之华,鄂不韡韡",因常棣花开每两三朵彼此相依而生发联想。诗人以常棣之花比喻兄弟,融情于理,围绕"凡今之人,莫如兄弟"的主题,告诫世人要珍惜兄弟亲情,营造和谐的家庭关系,这首诗深刻反映了中华先民传统的人伦观念,是《诗经》中的名篇杰作。

《唐风·杕杜》以棠梨起兴之后,描写诗人独自流浪,这份孤单不只是行为上的状态,更是其内心的落寞之感。他如此孤立独行其实并非因为没有他人陪伴,而是这些人都不是自己的亲人,于是发出了"岂无他人?不如我同父。嗟行之人,胡不比焉?人无兄弟,胡不佽焉?"的感叹。

《小雅·小宛》描写了一个兄长,在父母离世后,恪守着父母的

教诲，终日为国事或家事操劳奔波，力图维系着家门的传统。"人之齐圣，饮酒温克。彼昏不知，壹醉日富。"这是劝告兄弟不要日趋安逸，喝酒到酩酊大醉，彻底的麻痹。"惴惴小心，如临于谷。战战兢兢，如履薄冰。"诗歌结尾的这几句话，是劝告兄弟小心避祸的，应该也是诗人自己奉行的做人处事原则。这首诗将兄长的作为和思虑表现得淋漓尽致。

（三）我东日归，我心西悲——胜利者的悲歌

表现战争也是《诗经》中的一个重要内容。西周自昭王至宣王时期，在东南为征服淮夷，在西北则系抵御猃狁。此已为大量出土的铜器铭文所证实。这些相关篇章，在《周南》部分有《兔罝》《麟之趾》《汉广》和《汝坟》，在《召南》则有《草虫》《殷其雷》，合计六篇。

《小雅·采薇》模仿一个戍卒的口吻，以采薇起兴，写出了戍边征战生活的艰苦、强烈的思乡情绪以及久久未能回家的原因。虽然士兵是从前线御敌胜利归来，却没有兴高采烈之情，反而流露出浓浓的悲伤之情。尤其是"昔我往矣，杨柳依依。今我来思，雨雪霏霏"更是将离愁别绪抒写到极致，是《诗经》中著名的篇章之一，千年以来为人传唱不止，击节赞叹。

《邶风·击鼓》是一篇典型的战争诗。《毛诗序》云："《击鼓》，怨州吁也。"这首诗表达了久戍的士兵思念爱人却难以归家的悲苦心境。在对人类战争本相的透视中，呼唤的是对个体生命的尊重和生活细节幸福的获得。这种来自心灵深处真实而朴素的歌唱，是先民们为后世的文学作品树立起的一座人性高标。这首诗，被称为"征戍诗之祖"。尤其是"死生契阔，与子成说；执子之手，与子偕老"的佳句，已经成为千古绝唱！

"我徂东山，慆慆不归。我来自东，零雨其濛。我东曰归，我心西悲。"这是《豳风·东山》的开篇之句，描写了一位远征归来的士兵在归乡途中矛盾而复杂的心理情绪。诗人远赴东方征战，在常人眼中明明远征归来是一件值得欢欣雀跃之事，却在文中透露了一股忧伤抑郁的气息。悲伤何来？主人公回想自己远征这些年，风餐露宿就如野外的小虫一样孤独寂寞、困苦不堪，可这并不是诗人当下悲伤的真正缘由。主人公想象着自己常年在外，家中屋内一定已生满小虫，蜘蛛也会在房门上结了网，农田也一定是一片荒芜了。可在主人公的想象中，家园是可以靠自己的双手重建的，这也不是他悲伤的原因。主人公想象自己三年不归，不知家中妻子是否还惦念着自己？甚至还会不会人在家中？会不会发生什么意外？家中的一切是否会物是人非？这也许才是主人公最为担心的事情。

《诗经》中的战争诗反映了周人对战争的基本态度。他们不惧怕战争，他们虽然可以英勇地走上战场，保卫自己的家乡和亲人，但是他们并不喜欢战争，他们不以战争的胜利为最大的喜悦，而是喜欢和平安宁的生活。这种对战争的看法一直延续至今。我们不惧怕战争，"人不犯我，我不犯人"，如果面对强加的战争，我们也一定会血战到底，但最终我们是热爱和平的！

（四）烝衎烈祖，以洽百礼——《诗经》中的宴饮诗

从某种角度看，《诗经》属于周朝礼乐文化的重要载体，其宴饮诗深刻体现了礼乐文化精神的内涵。

宴饮诗确实是描写宴会情景的诗歌，但《诗经》中的宴会情景表现的却不仅仅是吃饭和饮酒，更是一种美食政治。

朱熹以为《小雅·蓼萧》乃"燕诸侯之诗"（《诗序辨说》）。全诗

四章，全以萧艾含露起兴。萧艾是一种可供祭祀用的香草，诸侯朝见天子，"有与助祭祀之礼"，故萧艾在此以喻诸侯。露水，常被用来比喻承受的恩泽。诗中"既见君子，为龙为光。其德不爽，寿考不忘"的句子，充分表达了诸侯感恩戴德、极尽颂赞的景仰之情。所以，天子宴饮诸侯，宴饮的目的并不单单是为了吃吃喝喝，其实这样的场合往往带有一定的政治目的。宴饮诗的创作，也不只是要描绘宴会上欢乐热闹的宴饮场景，主要还是为了以诗歌的形式告诉人们，一定要遵守宴饮的礼仪，加强各个宗族之间的联系，让大家团结起来，维护执政者的统治。

　　我们比较熟悉的《小雅·鹿鸣》就写到了天子宴请大臣们的情景。"呦呦鹿鸣，食野之苹。我有嘉宾，鼓瑟吹笙"的诗句，就体现了天子与朝臣之间和谐的关系。诗中描写君臣之间礼仪周到，颂扬道德，相互赞美，这样有利于化解人与人之间的隔阂，从而使国家长治久安。

　　《小雅·湛露》这首诗是天子宴请诸侯时才演奏的乐曲。但所宴饮的诸侯为同姓还是兼有异姓，尚有争议。喝酒为戒属于周朝初年确立的制度，当朝臣子曾经对执政者说，纣王荒淫糜烂，很大原因都是酗酒所致。这首诗中饮酒的氛围十分酣畅，户厅之外，弥漫着祥和静谧之气；户厅之内，则杯觥交错，宾主尽欢，"君曰：'无不醉'，宾及卿大夫皆兴，对曰：'诺，敢不醉！'"（《仪礼·燕礼》）内外动静映衬，真是一幅绝妙的"清秋夜宴图"。诗中又描写了"显允君子，莫不令德……岂弟君子，莫不令仪"的句子，表达了宴饮的气氛热烈而又不失礼仪的美好情景。

　　而《小雅·宾之初筵》则对宴饮过程中过度嗜酒而丧失礼仪的行为进行了批判和嘲讽。"宾之初筵，左右秩秩。笾豆有楚，殽核维旅。酒既和旨，饮酒孔偕。钟鼓既设，举酬逸逸。"开始的时候一切都很有秩序,"籥舞笙鼓,乐既和奏。""烝衎烈祖,以洽百礼。""其未醉止,威仪反反;曰既醉止,威仪幡幡。舍其坐迁,屡舞仙仙。其未醉止,威仪抑抑;曰醉既止,威仪怭怭。是曰既醉,不知其秩。"到最后"彼醉不臧,不醉反耻。式勿从谓,无俾大怠。"诗中将从宴会开始彬彬有礼,喝着喝着就离开自己的位子,仙仙起舞,大喊怪叫到失去礼仪,到最后"不醉反耻"的状态描写得淋漓尽致,喝到这个份儿上,西周的江山也就摇摇欲坠了!

由此可见,宴饮诗维护了周朝礼乐文化的精神与道德理念,如此一来,礼乐文化精神的内涵也获得了一定程度的升华。如果到了宴饮场合不顾礼仪,违反礼仪,不以为耻反以为荣时,统治者的腐败也就暴露无遗,统治也就进行不下去了。

(五)《诗经》中君子之德的显现

《诗经》中提到"君子"一词,有183处,涉及62篇。《诗经》中君子形象的意蕴也格外丰富。《诗经》作为中国诗歌的开端,不仅从此奠定了中华文化的走向,其深厚的人文思想也影响着世世代代的人。

"君子"一词在《大雅·卷阿》中先后出现过10次。诗中提到的君子到底是哪位君子,在学界还有一个意见不同的过程。毛《传》始终未对"君子"的身份作正面回答,但据其串讲十章"君子之车,既庶且多。君子之马,既闲且驰"之句云"上能锡以车马,行中节,驰中法也",似乎暗示诗中"君子"是指臣下。郑《笺》所言更为明确,首章"岂弟君子,来游来歌,以矢其音",《笺》云:"王能待贤者如是,则乐易之君子来就王游而歌,以陈出其声音。言其将以乐王也,感王之善心也。"循此可知,郑玄也主张诗中"君子"是指来朝的贤臣。朱熹《诗集传》提出异议，反复强调诗中"君子"就指周王。如朱熹释首章云："岂弟君子，指王也。"释二章云："尔、君子，皆指王也。"又解释七章"蔼蔼王多吉士，维君子使，媚于天子"道："蔼蔼王多吉士，则维王之所使，而皆媚于天子矣。既曰君子，又曰天子，犹曰'王于出征，以佐天子'云尔。"由此可见，朱熹明确主张诗中"君子"或"尔"都指周王，全诗的称颂对象非九五之尊的天子莫属。

从诗中"尔土宇昄章""百神尔主矣""尔受命长矣""四方为则""四方为纲""君子之车，既庶且多""君子之马，既闲且驰"等语词来看，全诗称颂的"君子"也应当是地位煊赫、四方来朝的周天子。诗中对疆域、车马的描写，暗含着对周王广布王化、文治武功的称赞。

"鼓钟将将，淮水汤汤，忧心且伤。淑人君子，怀允不忘。"这是《小雅·鼓钟》的开篇诗句，诗人是在淮水之旁或三洲之上欣赏一场美妙的音乐会。他听到了演奏编钟，锵锵作响；淮河之水，奔腾浩荡。但诗人并没有沉浸在美好音乐的欣赏中，反而忧心且伤感起来，他怀念那些古代的好人君子。反映出诗人对当今世风日下颇为不满，认为君子要居安思危，忠诚可信。诗人的道德感、责任感和忧患意识跃然纸上。

《卫风·淇奥》中描述的君子形象几近完美。据说这首诗的主人公是卫武公。他是一位道德至善、深受百姓爱戴的国君，为周朝平定犬戎立下了汗马功劳，被周王任命为朝廷的卿士，即将出发上任，离开卫国。其外表是"充耳琇莹，会弁如星。瑟兮僩兮，赫兮咺兮"；诗歌用"金""锡""圭""璧"来类比卫武公这位君子真实的样子和他的表现，他是在任何时候都能够温润从容，凡事处之泰然的；不但是谦谦君子，而且"宽兮绰兮，猗重较兮。善戏谑兮，不为虐兮"，如此宽严有度，和乐可人，难怪百姓依依不舍、念念不忘。诗歌还阐明了，要成为一名君子可不是一件容易的事情，就好比成就一块美玉一般，要经历"切""磋""琢""磨"，勤于修身致学方能领悟通透人生之道。

《诗经》中有关君子的诗篇，不仅概括了君子一词在先秦时期的众多义项，还清晰描绘出了"君子"词义变化的走向，由王权贵族扩及平民百姓，身份地位因素逐渐减弱，而对道德品质的要求逐渐增加。

《诗经》中刻画的君子，展现了周人对人格理想和审美境界的一种追求，对后代的文人风骨士大夫风范有着引领性的作用。

《诗经》的内容十分丰富，还有有关农事、祭祀、政治讽喻等等内容的诗歌，笔者没有在这里一一列举，大家在学习的时候可再加以领会。

 如何学习和研究《诗经》

关于今人学《诗经》，据研究，从1952年的《高级中学语文课本（第六册）》到现行的人教版普通高中课程标准实验教科书《语文》（必修2），六十多年间，教材《诗经》的选文统计起来主要有以下篇目：《伐檀》《硕鼠》《关雎》《氓》《黍离》《蒹葭》《无衣》《采薇》《静女》等，一共9篇作品，其中《硕鼠》《关雎》《氓》《蒹葭》这几篇作品的重复率最高。所以我们并没有远离《诗经》，她好像一个熟悉的陌生人。《诗经》离我们既遥远又接近，远的是她产生的年代距今已有二三千年，近的是我们今天的政治理念、道德观念、思想感情、行为方式、语言习惯等无不打下了《诗经》的烙印，我们的所思所想、所行所为，一举手一投足都能体现出《诗经》的影子，她化解在了我们的生活中。《诗经》是我们民族形成时期的重要经典，不但是文学的，也是文化的，所以我们依然要学习《诗经》、研究《诗经》，让文学的《诗经》、文化的《诗经》永远滋养我们。

（一）学习《诗经》的基本态度

今天我们如何学《诗经》？持什么样的基本态度呢？先来看看前人的经验。二三千年来，前人学习研究《诗经》，给我们留下了丰富的宝贵经验，大体有以下几种态度。

1. 不学诗，无以言，《诗经》是一定要学习的

《论语·季氏》记载：陈亢问于伯鱼曰："子亦有异闻乎？"对曰："未也，尝独立，鲤趋而过庭。曰：'学《诗》乎？'对曰：'未也。''不学《诗》，无以言。'鲤退而学《诗》。"这是孔子对自己儿子的教导，可见孔子对《诗经》的态度。"不学《诗》，无以言。"意思是，不学诗都不好意思与人交流，显得十分没有文化。我们今天虽然没有学习《诗经》的全幅篇章，但是在学校多多少少还是学了那么几篇的，但这样的学还是很不够的，因此，我们有必要继续学习研读《诗经》。

2. 孔子的兴观群怨及事君事父

《论语·阳货》篇："子曰：'小子，何莫学夫诗？诗，可以兴，可以观，可以群，可以怨，迩之事父，远之事君，多识于鸟兽草木之名。'"这是孔子对自己的学生言说学诗的功用与意义。

孔子认为学《诗经》用来多识于鸟兽草木之名也是很好的。《诗经》常以植物（花草木）赋、比、兴，凡305篇，有135篇涉及植

物。今天我们去读它们，这一篇篇诗章，就真如一株株草木，自三千年前的中华大地上摇曳多姿，蓬勃而来。它们如此遥远又如此熟悉，承载着古人的悲喜，流转着古老的诗意。在四季的轮回里，不同植物的盛衰荣枯，也浸透着先民的智慧，在智慧中又蕴含着生活的哲理。

孔子曾言："诗三百，一言以蔽之，曰：'思无邪'。"按照通行的解释，孔子从《诗·鲁颂·駉》末句"思无邪，思马斯徂"中单独抽出"思无邪"，取其思想纯正之义，用以概括《诗经》的典范性。孔子在"不学诗，无以言"的基础上，进一步阐明了学诗多方面的功用。

孔子是用《诗经》作为教材的。《礼记·经解》载孔子谈及"诗教"有言："其为人也，温柔敦厚而不愚，则深于诗教者也。"孔门以诗为教，用来培养弟子事父事君和讽谏专对的能力，此点在《论语》中有记述。

孔子用《诗经》作教材教学生，目的是让学生通过学习《诗经》在德、行、言、文学等方面做一个对家庭对国家有用的人。我们今天学《诗经》也可以参考。

3. 以意逆志的学习态度

以意逆志是依据自己的理解去解读文学作品中的意思。故说诗者，不以文害辞，不以辞害志。以意逆志，是为得之。(《孟子·万章上》) 解说诗的人，不拘泥于文字而误解词句，不拘泥于个别词句而误解作品的完整意思。能以自己的切身体会去推测作者的本意，这才是懂得读诗的正确方法。孟子这个观点正是针对如何正确理解《诗经》作品而发的，后来被广泛引申为对诗歌乃至其他一切文学作品的阐释方法。这种方法已经被人们广泛接受了。按照这个观点，我们在学习《诗经》时，要结合自己的生活经验和思考，去领会、推测作者在作品中所寄寓的情感，从而理解作品的内容和主旨。

4. 诗无达诂的学习态度

"《诗》无达诂"最早见于董仲舒《春秋繁露·精华》,其曰:"所闻《诗》无达诂,《易》无达占,《春秋》无达辞,从变从义,而一以奉人。"意思是我听说《诗经》没有恒定不变的解释,《周易》没有恒定不变的占卜,《春秋》没有恒定不变的词句。遵从变通的原则,遵从经典的本来意义,将两者合一即可不违背天道或圣人的思想。"诗无达诂"这一观点的提出源于春秋时代的"赋诗言志",当时的为政者从实际的政治和外交需要出发常常引用《诗经》诗句,不一定符合诗句本意,甚至有时断章取义;汉儒诠释《诗经》,也因不同学术取向而分为数家。

董仲舒提出这一命题,其意在为汉儒的不同解释提供依据。作为一种文学理论,"诗无达诂"属于鉴赏论,侧重于读者感受,体现出不同读者在文本解读与艺术审美上的差异性;同时,诗歌语言具有暗示、含蓄、曲折的特点,言不尽意,所以不能仅照字面意思直解,读者须按照自己的理解、想象与学识,以心会心,体悟诗中的寄托和寓意。

由于时代变化与鉴赏者的思想、阅历、修养等个性差异,对同一作品往往有不同的解释或解读。这个观点也是我们今天学习《诗经》应该认同的。但要注意,"诗无达诂"的价值在于揭示了作品自身语义的模糊性与解释者个人的差异性,但不等于可以随意解释作品的意义。

5. 学"经"还是学"诗"?

关于《诗经》的学习和研究,已经形成了专门的《诗经》学,大体上可以分为四种类型:礼乐《诗经》学、经学《诗经》学、文学

《诗经》学和文化《诗经》学。

礼乐《诗经》学萌芽于先周豳地，兴盛于两周，终结于战国初年。它认为《诗经》是礼乐制度的构成要素。诗与乐、舞为一体，构成了礼乐仪式中必不可少的仪节，主要实践形式为歌诗、奏诗、舞诗和赋诗，技术手段为乐语，通常由瞽矇口耳相传。

经学《诗经》学奠基于孔子，兴盛于两汉，经过隋唐的复兴、宋明的变革，再盛于清，衰落于近代。主要内容有两汉的博士师法、家法之学，隋唐的义疏学，宋元的"新经学"和明清的考据学，形成了多种解诗、用诗的技术手段，取得了辉煌的学术成就，深刻影响了中华文化的走向。

文学《诗经》学大体上萌芽于魏晋南北朝，经过宋、元、明、清的发展，爆发于"新文化"运动时期，绵延了一千四百多年。文学《诗经》学的主要特征就是将《诗经》当成文学作品来看待，技术手段在古典期主要为"比兴说"，在现代为综合运用东西方文艺理论，对诗篇的艺术解读细致入微。

文化《诗经》学诞生于近代，是中西文化碰撞的产物，它经历了博兴、沉寂和复兴三个时期，为《诗经》研究带来活力和新气象。

笔者认为，这四种类型没有先进与落后之分，也不应当互相否定，可以并行发展，共同促进《诗经》学习和研究的繁荣。作为新时代的研究者和学习者，可以在前人研究学习的基础上研习，也可以自由地从自身领悟的角度对《诗经》进行多角度的解读，从中领略《诗经》道德教化、风土人情、文学之美等文化意义。

（二）今天我们应该如何学习《诗经》

春秋时期，《诗经》成了各诸侯国贵族教育中普遍使用的文化教材，学习《诗经》成了贵族人士必需的文化素养。在外交场合，贵族们常常需要摘引《诗经》中的诗句，曲折地表达自己的意思。这叫"赋《诗》言志"，这种情况在《左传》中多有记载。

21世纪的今天，我们如何学习《诗经》呢？有些人可能认为，《诗经》那么古老，离我们那么遥远，学习《诗经》一定有很多的困难吧。客观地说，年代的久远、背景知识的缺乏、对古代汉语理解的难度等等，确实会使我们学习《诗经》较为困难，但这些不应该成为我们学习《诗经》的阻碍，通过努力，采取一定的方法，我们还是可以深刻体验到学习《诗经》的快乐的。

1.跟随专家学者及有所研究的《诗经》爱好者学

虽然《诗经》始终传习于中华文脉之中，但毕竟距今两千余年的文化跨距，其与今日大众的审美情趣差异较大，古人惜字如金的凝练手法、古词雅言更使其理解难度加大。如果自己直接学习《诗经》可能会有一些困难，进而会影响学习的兴趣，可能会知难而退。所以，我们可以先跟随专家学者学习，掌握一些《诗经》的基本知识，引起自己的学习兴趣，然后自己再深入自学就水到渠成了。

目前，《诗经》学习的资源非常丰富，可以在百家讲坛、哔哩哔哩网站、西瓜视频、超星尔雅、智慧树等各种学习平台上搜索《诗经》主题词，学习资源还是很多的。还可以通过微信公众号和喜马拉雅听书网站学习，各路主播的演讲精彩纷呈，总会有一人一版让您满意的。

北京师范大学文学院李山教授，多年来致力于将学术研究回归到大众视野中，让更多的人喜欢《诗经》，喜欢传统文化的内涵与审美。其著作《大邦之风》中名物纠正、探究诗意的例子有很多，作者在其几十年学术研究的积累之上，以通俗易懂的方式把《诗经》讲给大家听，是笔者特别要推荐的一位老师。山东大学的王承略教授，带着浓浓的山东口音，细致入微地给大家讲解《诗经》，也常有自己独特的见解，也是值得一看一听的。好的老师也有很多，大家在学习时可以选择自己喜欢的专家老师跟学。

2. 坚持每日诵读诗篇，日就月将必有所得

学习入门之后，建议选定一个《诗经》的版本，每日坚持诵读诗歌原文。书读百遍，其义自见。这个成语出自晋·陈寿《三国志·魏志·董遇传》："人有从学者，遇不肯教，而云：'必当先读百遍，'言'读书百遍而义自见。'"意思是说，董遇性格敦厚老实而且很好学。附近的读书人请他讲学，他却让别人先读书读上百遍，书意自然领会。这个道理大家都可以理解，但现实中把一本书或者一篇文章读上百遍，却很少有人能够真正做到。面对《诗经》这样的经典，文辞优美，音韵铿锵，正好可以拿来实践。这样一方面可以加深对经典的掌握和理解，另一方面可以验证一下这个应该非常有效的读书秘诀。每天或早或晚，捧一本《诗经》，读一篇或几篇诗歌，那情景十分诱人，那成果也很可期呢！

比如《齐风·著》这首诗，是一首描写新郎迎亲的诗歌。新郎在著、庭、堂三个不同位置迎娶新娘，三个位置之间是层层递进由外及里，而新娘不敢看新郎，只能看见新郎充耳（悬在耳边的美玉）的颜色及各种装饰。我们试着曼声读这首诗，是何等情景？

俟我于著乎而，充耳以素乎而，
尚之以琼华乎而！

俟我于庭乎而，充耳以青乎而，
尚之以琼莹乎而！

俟我于堂乎而，充耳以黄乎而，
尚之以琼英乎而！

反复诵读，是不是感受到了中国古人宅院的层层布局？或者有没有深刻地体会到这是一首讽刺诗，诗歌中新郎的三个位置其实是罗列了夏商周三代的婚姻亲迎之礼，而诗人是在讽刺当时社会礼崩乐坏的现实。但如果你什么也没读出来怎么办？没关系，继续读，读的遍数多了，就会有自己独特的感受，可以与其他人不一样！

如果《著》这首诗还没有读出什么感觉的话，那么《汾沮洳》这首诗会不会令你感动呢？

彼汾沮洳，言采其莫。
彼其之子，美无度。
美无度，殊异乎公路。

彼汾一方，言采其桑。
彼其之子，美如英。
美如英，殊异乎公行。

彼汾一曲，言采其藚。
彼其之子，美如玉。
美如玉，殊异乎公族。

这首诗写一名女子对意中人的思慕。这位女子不管在什么地方，总是思念着自己的意中人，诗中用"美无度""美如英""美如玉"赞美男子的仪容，以"殊异乎公路""殊异乎公行""殊异乎公族"说明意中人品行高洁。当笔者看到美无度（即美到无法测量、无人可比）时，被深深地震撼了，"美无度"三个字好几日在心中挥之不去，直到被我选作本篇导读的文题才觉得惬意。

3. 通过欣赏文艺作品潜移默化地学

在《诗经》产生的年代，在其被搜集整理之前就是入乐歌唱的形式，但辑录者限于当时记谱方式的局限，放弃了音乐部分的记载，致使这些歌词在后世的很多时间里多用于诵读、吟咏，而非其本原的唱颂形式。虽然我们今天不可能看到当年《诗经》诗乐舞一体的表演原貌，但是，许多艺术家从来没有停止过将《诗经》还原为诗乐舞一体的努力。

自20世纪"西乐东渐"以后，为《诗经》配曲成为歌曲作家的兴趣之一，尤其在近年来的"发扬传统经典文化"语境中，赵季平、叶小钢、谷建芬等以《诗经》为词谱写新曲，已成为音乐会中的常见曲目。文学家、词作家林子创作的"取意诗经"系列作品，其以原典为基础，但不拘泥于原词束缚的新解，得到了大众的点赞。《诗经》新解的成功，是应和新时代文化发展形势之需，又极具较多新颖之处，其探索或可借鉴良多。

音乐剧《诗经·采薇》的创作历时3年打磨，终于在2018年完成。为了让《诗经·采薇》达到最佳的舞台表现效果，3年的创作过程中，戴有山和张鹏举两位编剧曾连续改稿40余次。作曲家邹航也为此剧倾尽心血。

"采薇采薇，薇亦作止。曰归曰归，岁亦莫止。"《诗经》中寥寥百余字的《采薇》在主创团队手中化为了一段长达两小时的凄美故事，讲述了乡野郎中子谦、将军南仲与世家女若兰之间的纠葛。爱而不得的南仲心生恨意，意图用战场阻隔子谦和若兰的爱情，但因缘际会之下，自己却不得善终。三人的微妙感情裹挟在家国命运的洪流中，格外引人回味。

民族歌剧《呦呦鹿鸣》由宁波市演艺集团创排，这也是宁波市演艺集团在戏剧领域第四次获得全国"五个一工程"奖。该剧讲述的是中国中医药科学家、2015年诺贝尔医学奖和2016年国家最高科学技术奖获得者屠呦呦发现青蒿素的故事。主人公屠呦呦这个名字来自《诗经·小雅》中的《鹿鸣篇》，似乎冥冥中已经注定了她与青蒿的不解之缘。

美术作品当中，也有很多取自《诗经》题材的作品。如南宋，传为马和之作《诗经·小雅·节南山之什图》卷。此卷取《诗经·小雅》中《节南山》等十篇之大意描绘成图，每段前书《诗经》原文，依次为《节南山》《正月》《十月之交》《雨无正》《小旻》《小宛》《小弁》《巧言》《何人斯》《巷伯》等。

通过欣赏音乐、舞蹈、美术等文学艺术作品，领略《诗经》之美，也是学习《诗经》的一条美好途径。

4. 沿着《诗经》的足迹游学

《诗经》产生和流传的时间久远、地域辽阔，如果有兴趣，可以沿着与之有关的地方亲自探访，体验诗经对中华文化的影响，也是一种值得提倡的游学方式。

据考证，与《诗经》有关的地名有51个，分为两类：一是单纯的地名有35个；二是国名兼为地名的有16个。还有的地方从《诗经》里面取名的，更是不少，如果做一次《诗经》专题的游学一定是大有收获的。

渭水流域是孕育我国第一部诗歌总集《诗经》的摇篮,是先秦文学的发源地,很大一部分与宝鸡的悠久历史、风土民情相关。赞扬周先祖功德的《颂》诗,叙述西周历史人物的《雅》诗,描述秦族征战生活的《秦风》诗,都在宝鸡留下了历史的印记,也在中国历史上留下了浓墨重彩的一笔。

"诗经里"是全国首个诗经主题特色小镇,位于陕西省西安市沣河之滨,于2017年9月27日开园迎宾。"诗经里"的建设均以诗经文化为魂,将《诗经》所涉及这块土地上所有的风物、民俗、音乐、人物,都转化为现实的景观和建筑。在这里,有国风广场、鹿鸣食街、关雎广场、小雅书社等一系列与《诗经》相对应、相融合的建筑和景观,更有诗经礼乐盛典呈现。在诗经里,可于中国古琴博物馆,观经典唐琴陈列、周朝实力表演、百人抚琴盛况,身着古风琴服的古典琴师现场演奏《关山月》《蒹葭苍苍》,一应琴师和鸣的千年礼乐文化;在中国诗经文化中心,可观看诗经文化巨幕演出,亲历风雅诗颂演艺与孔子一同批诗等历史经典,感悟诗经文化。这里每一个角落都能感受到诗经文化的独特魅力。

云贵高原上,在召开过"遵义会议"、进行过"四渡赤水"的革命老区北部,有个取名自《诗经》的乡镇——小雅。

在辽宁省盖州市双台镇松树沟村庙岭沟深处,有一座百年古门伫立在路边,虽然门房已经残破不堪,但门洞保存较为完好,仍保持原始风貌。此门最为特殊之处在于左右两扇门面上各用油漆书写红底黑字的"戬""穀"二字,历经百余年,虽有褪色,但仍清晰可辨。"戬穀"一词,出自《诗经·小雅》,有福禄之意。

取名自《诗经·小雅·南有嘉鱼》的湖北省咸宁市嘉鱼县,素有"锦绣江南、鱼米之乡"美誉,书写了一幅农村群众富足安康的时代新篇章！

至今，河间仍留存诗经村、君子馆等地名，即是毛公设馆讲经的地方。元代至正年间，河间路总管王思诚奏请皇帝在毛公墓前修建毛公书院。毛公书院位于河间城北三十里铺村，2003年河间市人民政府重修毛公墓，2008年毛公书院遗址被省政府公布为"省级重点文物保护单位"。河间市第一实验小学一直倾力打造"诗经校园"，把《诗经》文化融入校园环境建设和课程设计中，让孩子们置身其间、耳濡目染，体验和感受《诗经》的魅力，提升对家乡文化的理解与热爱。2021年3月，河间市第一实验小学被确定为"诗经传承基地"。

5. 专心一志，研学《诗经》

要真正学通弄懂《诗经》，大概确实要皓首才能穷经了。"皓首穷经"这个成语出自唐·韩偓《赠易卜崔江处士》："白首穷经通秘义，青山养老度危时。"意思是指一直到年老头白之时还在深入钻研经书和古籍。说到这里，可能有些人要望而却步了。不过，现代人研究经典要比古人有了更多的便利，尤其是互联网的发展，使今人可以更便捷地进行多媒体交互式学习，而且笔者发现很多年轻人对《诗经》已经有了比较深入的研究了。

胡适先生认为，"用新的科学方法来研究古代的东西，确能得着很有趣味的效果。一字的古音，一字的古义，都应该拿正当的方法去研究的。"在今日研究古书，方法最要紧。胡先生认为，"研究《诗经》大约不外下面这两条路：第一，训诂。用小心的精密的科学的方法，来做一种新的训诂工夫，对于《诗经》的文字和文法上都重新下注解。第二，解题。大胆地推翻二千年来积下来的附会的见解，完全用社会学的，历史的，文学的眼光重新给每一首诗下个解释。"研究者要细细涵泳原文，还必须多备一些参考比较的材料：必须多研究民俗学、社会学、文学、史学。你的比较材料越多，你就越会觉得《诗经》有趣味了。

关于《诗经》，前人虽然作了大量的研究，但是留给我们今人依然有广阔的研究空间。一个原因是每一时代人来读《诗经》都会有不同的感受和发现，有时候会对一首具体的诗歌或一个具体的主旨或某一个具体的字词作出不同的理解；另一个原因是随着考古学的发展，会有新的材料发现，可以使我们对《诗经》的内容作出新的理解。如20世纪60年代，有考古学者为了寻找西周镐京遗址，到陕西沣河中游西周故地进行实地调查，其中一个发现与《蒹葭》诗篇相关：在汉代建造的昆明池靠北端，推测为西周辟雍的水域所在地，发现了一座石头雕刻的男人像。根据文献记载推测，他就是牛郎。汉代班固和张衡作《二京赋》《两都赋》，都曾写到他，前者说："左牵牛而右织女。"后者谓："牵牛立其左，织女处其右。"按照这一线索，人们在昆明池水域之外，在牵牛像所在小岛的西南方向的一个村庄，居然发现了另一座女性石像，即织女的石像。两座石像，正好是一左一右，隔水遥遥相望。昆明池建筑是汉代的，但石像未必就是汉代的，其起源可能更早些。李山教授联系《诗经》中另一首诗《大东》谈及周人的信仰，认为牵牛织女实际是周人的象征符号。西周崩溃后，平王东迁，其故地为秦人所有，而古文献记载，秦人占领周地后，有青牛作怪，那么这个牛郎的造像，很可能是秦人受到留在故地的周人遗民信仰的影响，在辟雍祭祀牵牛之神而树立的。这样似乎可以解释，"宛在水中央"的就是牛郎，逆流、顺流寻找而无果的就是织女了。我们将这样一首诗通过人证、物证与一个美丽的传说联系在了一起，大大拓展了人们的想象空间。

如果通过自己的专心研究，对《诗经》的学习和理解更进了一步，会不会惊喜不断呢？

《诗经》虽然与我们有时间上的距离，但她所表现的内容与我们今天有很多的相似之处，有我们今天所熟悉的亲情、友情和爱情，有战争与和平，有对美好生活的向往和对现实不满的抱怨和愤怒等等，我们惊见二三千多年前的古人与今人有着同样的喜怒哀乐……

通过学习《诗经》，我们可以与二三千年前的那些知名或不知名的诗人们"对话"，倾听先祖的心声，仿佛感受到古代祖先就在我们脚下的这片土地上劳作生息，行吟歌唱。

《诗经》全方位、多侧面、多角度地记录了从西周到春秋的历史发展与现实状况，在相当程度上反映、表现了周代的礼乐文明。《诗经》在中国文化史上具有崇高的地位和深远的影响，是我们民族的精神家底，并奠定了中国诗歌的优良传统，中国诗歌艺术的民族特色由此肇端。作为一名中国人，唯有常常从《诗经》中汲取营养，才能不忘初心。

思考题：

1. 我们应该从《诗经》中学习什么样的精神？
2. 《诗经》中的战争类诗篇表达了对战争怎样的看法？
3. 《诗经》中的一首诗是不是只有一个具体的题旨？
4. 你对《诗经》的感受是怎样的？
5. 你觉得二三千年前的人与今天的我们有什么异同？

参考资料：

[1] 朱熹．朱熹集传：诗经[M]．上海：上海古籍出版社，2013．
[2] 李山．大邦之风[M]．北京：中华书局，2019．

[3] 王秀梅. 诗经 [M]. 北京：中华书局，2018.

读书感悟：

当为君子儒

《论语》导读

◎ 杨　舒

　　公元前1046年，周人东进灭亡殷商，完成了建周大业的武王却年寿不永，继之而起的周公为800年的周制奠定了基础。周公的封国——鲁国也正是周礼最为盛行的地区，孔子便是在这样的环境中逐渐成长起来的。高岸为谷，深谷为陵。孔子出生的时候，从礼乐征伐自天子出，到霸主政治兴起，再到"陪臣执国命"，周王室王纲解纽久矣。孔子却志在恢复周代的礼乐秩序，他一生所言所行皆是明知不可为而为之。但是，他的思想却成为此后两千多年君主专制制度所推行的主要统治思想，对中华民族文化性格的塑造产生了深远影响。孔子如同长城、黄河一般，已经成为中华民族的文化符号。

　　《论语》一书记录了孔子的言行主张，是了解孔子思想最为直接的资料，是中华文化经典之中的经典，是学子开蒙必读之书。钱穆先生讲"孔子之所启示，乃属一种通义，不受时限，通于古今，而义无不然"，此为《论语》可贵之处，也是我们再读《论语》的必然之理。

一 遇见孔子：形成孔子立体印象

孔子（公元前 551—前 479 年），鲁国陬邑（今山东曲阜）人，为中国古代思想家、政治家、教育家，创立了儒家学派，其思想对后世产生了深远的影响。

（一）初识：孔子生平一览

孔子，名丘，其祖先本来是宋国的贵族，后因避宫廷祸乱而迁居鲁国。孔子的父亲叔梁纥在鲁国是一名武士，地位很低，"纥与颜氏女野合而生孔子，祷于尼丘得孔子"，孔子"生而首上圩顶，故而名曰丘云"。

叔梁纥在孔子三岁时便去世了，孔子说自己"吾少贱也，故多能鄙事"，做过"委吏"（管理仓库）、"乘田"（掌管牛羊畜牧）一类的小官。孔子幼时游戏便"常陈俎豆，设礼容"，自言"吾十有五而志于学，三十而立"。孔子小时便对祭祀之礼感兴趣，十五岁的时候致力于做学问，二十岁起对政治有所关注，到其三十岁之时已小有名气。

鲁昭公二十五年，鲁国内乱，鲁昭公逃到齐国，孔子也离开鲁国到齐国。齐景公问政于孔子并且欲授其官，但是被晏婴劝阻。后有大臣亦想加害于孔子，于是孔子无奈只能回到鲁国。"退而修《诗》《书》《礼》《乐》，弟子弥众，至自远方，莫不受业焉"，孔子到四十岁时已经对生活中的一些问题有了自己的见识与理解，称自己"四十而不惑"。

鲁定公时期，孔子复出任中都宰，治理颇有成效，"由中都宰为司空，由司空为大司寇"。孔子任大司寇期间负责鲁国治安，刑罚公平公正，在齐鲁两国的夹谷之会中巧妙地维护了鲁国的尊严，得到了鲁定公的赏识。但好景不长，孔子因与季桓子政见相左受到排挤，倍感失望，不得不离开鲁国开始了周游列国的旅程。

孔子在诸侯国间游历十四年，先后到了卫、宋、陈、蔡、楚等国，遭受过围困、绝粮甚至丢掉性命的危险。他在卫国和陈国时间最长，但是无一受到重用。孔子发出了"不怨天，不尤人，下学而上达，知我者天乎"的喟叹，认为无人能够理解他的主张，最终于公元前484年回到鲁国。

周游列国十余载后再次回到鲁国的孔子已经六十八岁，他专心于讲学和整理诗书，"不知老之将至"。孔子对自己的一生进行总结，认为"吾十有五而志于学，三十而立，四十而不惑，五十而知天命，六十而耳顺，七十而从心所欲不逾矩"。孔子一生孜孜以求，最终逝于鲁哀公十六年，卒年七十三岁。孔子晚年漂泊诸国，想要使天下归于有道的理想，终其一生也没能达成，但他整理删订六经、发展私学等活动为中国思想文化传承和发展作出了重要贡献。

（二）深化：孔子主要思想一观

孔子思想的整体脉络是以"仁"和"礼"为核心。不论他提出的何种思想，都以"仁"和"礼"为起点而展开。"仁"是放之四海而皆准的理想道德范畴，是孔子思想的内核。但是孔子的本意是恢复周礼，恢复周代的社会秩序，孔子所谈的"仁"离不开"礼"，"礼"是"仁"的外在表达。因此，孔子的"仁"和"礼"是互为表里、密切结合的。

1. 为"仁"

孔子思想的整体脉络以"仁"为核心。《论语》中孔子讲"仁"有109次。可见,"仁"是孔子思想的重要内容,孔子为"仁"阐明了内涵,将"仁"作为理想的道德标准。孔子所言道德、政治、经济和教育的思想都离不开"仁"字。

(1)"仁"之于道德

关于道德的思想是孔子思想的精神内核。在孔子的思想中,"仁"是核心,而"仁"也作为一种道德品质,贯穿于儒家思想体系的始终。

"仁"的内涵是丰富的,它包含各种美好的品德。"入则孝,出则弟,谨而信,泛爱众,而亲仁。行有余力,则以学文。"孝、悌、信、爱人等诸多方面的内容叠加才能够向"仁"靠近,"仁"者才可以进一步学习知识。又有:"子张问仁于孔子,孔子曰:'能行五者于天下为仁矣。''请问之。'曰:'恭、宽、信、敏、惠,恭则不侮,宽则得众,信则人任焉,敏则有功,惠则足以使人'。""仁"又为恭敬、宽容、诚信、勤敏、慈惠。由此可见,在孔子眼中,"仁"是诸多道德品质的综合表现。"仁"之一字大约等于"道德",德胜才谓之君子,才胜德谓之小人,人要先为"仁",在道德上达到了标准才能称之为"君子"。"仁者,人也","仁"的内涵就是成为有道德的人。"仁"在不同的范畴内具体表现为孝、悌、信、恭等优秀品质,但又统一在"仁"之下。因此,孔子所谈论的道德体系是以"仁"为核心的道德修养思想体系。

孔子所认为的"仁"既要着眼于人的内心修养,更要被外化成一种普遍的美德。在内为刚,为勇,为惠,为敏,为宽;在外为孝,为悌,为忠,为恕。"夫仁者,己欲立而立人,已欲达而达人。能近取譬，可谓仁之方也已。"意思是说，仁德的人，自己站稳也要让别人站稳，自己要腾达也要让别人腾达，兼善天下，此为"忠"；"己所不欲，勿施于人"，不要将自己不愿意做的事情强加给别人，此为"恕"。"忠恕"之道就是实行仁的方法。"其为人也孝弟，而好犯上者，鲜矣；不好犯上，而好作乱者，未之有也。君子务本，本立而道生。孝弟也者，其为仁之本与！"孝顺父母、敬爱兄长的人自然也不会犯上作乱，孝悌是"仁"的基础。为仁者，爱人也。"樊迟问仁，子曰'爱人'。"仁者当有爱人之心，能够尊重与关爱他人，同时也应当满怀爱意，用自己的爱去照亮他人。然爱有差等，忠恕和孝悌就是爱人的准则，对不同的人有不同的表现方式是怀有真正"仁"的表现。"唯仁者，能爱人，能恶人"，爱憎分明也是仁者的特质。"仁者"具有公正无私的品质，爱应该被爱的人，恨应该被恨的人，如果毫无差别地去爱所有人就是是非不分、黑白不辨、过犹不及的表现。所以在孔子眼中，有道德的人可以用公正无私的心对待万事万物，这是处理得当的表现。仁者用推己及人之法爱人，是社会美德蔚然成风的关键所在。

（2）"仁"之于政治

在核心思想"仁"的基础上，孔子也提出了自己的政治主张。他以怀古的方式憧憬未来，称尧舜时代为"大同"，文、武、周公时代为"小康"，由此将"大同"作为最高理想，"小康"作为近期目标。"大道之行也，天下为公"，"大道"可谓孔子最高的政治理想，孔子希望建成一个和谐的社会，故而也描绘了一幅理想社会的画卷。

"选贤与能，讲信修睦。故人不独亲其亲，不独子其子。使老有所终，壮有所用，幼有所长，矜寡孤独废疾者皆有所养"，在孔子看来，理想的社会应是人人都有适合自己做的事情，都可以生有所用，老有所养，整个社会所达到的状态是和谐且理想的。如何建成这样的理想社会呢？"为政以德，譬如北辰，居其所而众星共之"。如果执政者施以德政，便如同北斗星一般被众星拱卫，得到人们的拥戴。"道之以政，齐之以刑，民免而无耻；道之以德，齐之以礼，有耻且格"，其目的在于让违法者从根本上认识到自己的错误，达到道德上的内化，而不仅限于道德服从，从而真正达成社会治理的目的，这是孔子政治主张的特色所在。但欲行仁政需要先为仁君。"子欲善而民善矣。君子之德，风；小人之德，草。草上之风必偃"，德风偃草，君主的示范作用当比刑法更为有效，"其身正，不令而行；其身不正，虽令不从"，因此，孔子希望统治者在生活上懂得节制，约束自己的行为。统治者选官也当如此，"先进于礼乐，野人也；后进于礼乐，君子也。如用之，则吾从先进"，"学而优则仕"，先学习礼乐而后做官，以身为范，才能海晏河清。

（3）"仁"之于经济

孔子对于经济的论述涉及"信""义""俭"等经济道德层面，因此"仁"依然是孔子经济思想的基础。子贡曾向孔子请教治理国家的办法，孔子道："足食，足兵，民信之矣。"子贡曰："必不得已而去，于斯三者何先？"曰："去兵。"子贡曰"必不得已而去，于斯二者何先？"曰："去食。自古皆有死，民无信不立。"只要有充足的粮食，充足的战备，以及人民的信任就可以治理好国家，但是"信"乃三者中最为重要的，可见民为邦之本。百姓是国家富强的出发点和落脚点，孔子因此强调惠民。孔子认为："百姓足，君孰与不足？百姓不足，君孰与足？"倘若所有的百姓都是富足的，那么这个国家就肯定会强大起来，反之这个国家则必然是衰败的。当然，富足是相对而言，"不患寡而患不均"，贫富差距不可过大，贫者"贫而无怨"，富者"富而不骄""富而好礼"，以至上下相安。基于此，孔子认为"道千乘之国，敬事而信，节用而爱人，使民以时"，统治者除了守信用还需要守民时，合理使用民力，在农闲季节才可役使百姓，不可滥用,也不可重赋厚敛。

百姓从商也需要"信"。"人而无信,不知其可也。大车无輗,小车无軏,其何以行之哉!"就像大车子没有安横木的輗,小车子没有安横木的軏就不能行走一样,如果一个人不讲信誉,那么也无法立足。实际上,"信"是我国商业经营中最重要的概念,以信为本才是致富之道。

上至统治者,下到百姓皆有信,追求利益时以"义"为先,"义"为衡量经济行为是否为仁者之行的标准。孔子说:"饭疏食饮水,曲肱而枕之,乐亦在其中矣。不义而富且贵,于我如浮云。"吃粗粮,喝白水,弯着胳膊当枕头,乐趣也就在这中间了,不过分追求富丽的宫殿、华丽的衣裳,在贫困艰苦的情况下照样可以很快乐。不符合道义的富贵如过眼浮云。"富而可求也,虽执鞭之士,吾亦为之",富贵可以追求,但必须遵循道义。进一步而言,孔子更提倡节俭,"奢则不孙,俭则固。与其不孙也,宁固",奢侈使人狂妄,节俭使人安稳,与其奢侈轻狂不如选择安稳的生活方式。后人云"静以修身,俭以养德",俭朴以淳养品德,常常把俭朴看成是养德的一种方法。这与孔子追求仁德的主张不谋而合。

(4)"仁"之于教育

孔子作为我国古代有影响力的教育家,被誉为"万世师表"。孔子的思想能够在后世流芳,很大程度上也是得益于弟子们的传承与发扬。在对弟子的教育上,孔子形成了一套完整的思想。

道德教育是孔子教育思想的核心内容,此道德即是"仁"。"仁远乎哉?我欲仁,斯仁至矣。""仁"与"不仁"与本人的意愿有着很大的关系,欲行仁,则需要自觉和主动。从这个角度上讲,孔子希望学生能够依靠自觉的努力来提升道德层次。基于此,他提出了道德教育实施的措施:第一,他强调"立志","三军可夺帅也,匹夫不可夺志也"，志存远大、坚韧不拔正是支撑君子内在品格的动力；第二，他强调"克己"，"克己"方能"复礼"，君子应当学会去约束自己，让自己的一言一行都符合礼和仁的规范，而不是过多地去指责他人；第三，孔子强调"力行"，"学而时习之，不亦说乎"，重视道德实践；第四，他强调"中庸"，也就是做一件事不能"过"，也不能"不及"，凡事都需要恰到好处；第五，他强调"内省"，即进行自我反思，依靠自觉的内心反省来规范自身的德行；第六，他强调"改过"，人非圣贤，孰能无过，有过改之，则也不失为君子。

孔子道德教育的目标就是培养德才兼备的君子。君子是拥有着较高道德修养的人，君子"不患无位，患所以立"，认为君子应当入世为官。这样，通过教育培养和选拔出一批德才兼备的君子，成为贤臣以治理国家来实现孔子的政治理想。但孔子的教育对象并非原本就身居高位者，孔子所育之人"有教无类"，只要个人有学习的愿望，给孔子十条肉干作为见面礼，他便愿意去教。这样将受教育对象扩展到平民阶层，打破了贵族对于教育的垄断地位。这样原本地位低下的人也可以凭借出色的品质而获得阶级上升的渠道。

在教育方法上，孔子有诸多见解。首先，学思行结合，"学而时习之"，即对所学需要多加练习和实践方能掌握。"学而不思则罔，思而不学则殆"，指的是倘若一味读书而不思考，那么无法掌握书本的知识，甚至会陷入迷茫；如果一味空想而不去进行实实在在的学习和钻研，则终究一无所得。只有把学习与思考结合起来，才能学到切实有用的知识，否则就会收效甚微。"君子耻其言而过其行"，君子以夸夸其谈、言过其行为耻，要把说出的话落实到行动中去。其次，孔子主张"不愤不启，不悱不发。举一隅不以三隅反，则不复也"，学生不到苦思冥想却又想不明白的时候，不要去开导他；不到心里明白却又不能表达出来的时候，不要去启发他。要在学生有一定思考和感悟时再进行教学，强调启发式教学的重要意义。再次，孔子还主张对不同的人施以不同的教学方法，即"因材施教"，他在《论语》中对学生的性格特征作出总结，"由也果""赐也达""求也艺"，针对学生的不同特点来教。不同学生问同一个问题，孔子会根据学生的性格特点给出截然不同的回答。最后，孔子还主张学生应当端正学习态度，"由！诲女知之乎！知之为知之，不知为不知，是知也"，这是孔子在教育其弟子时候说的话，能够坦诚自己的无知是一种勇气，也是获得真知的开始。孔子所教皆为"言传身教"，他以身作则，爱护学生，诲人孜孜不倦，如是教也如是做，是教师的光辉典范。

2. 复"礼"

《论语》讲"礼"75次。"仁者，人也"，人具有社会性，人生活在一定社会秩序之下，必然尊卑有序、亲疏有等，君臣父子兄弟夫妇朋友等等都是人应该处理的社会关系。人是联系社会关系网络的纽带，必然受到社会规范的种种制约。这种制约就是"礼"。孔子所言的"礼"与"仁"之间存在着映射关系。

（1）以"礼"立人

"礼，履也"，最初礼指的是宗教祭祀中的规矩，后来经过夏商周而形成一套典章制度。"礼"规定了各个等级人们的政治地位、权利义务、道德原则、礼节仪式、生活方式等等。"天下有道，则礼乐征伐自天子出；天下无道，则礼乐征伐自诸侯出。"孔子生活在周朝统治瓦解、整个社会礼崩乐坏的时代，孔子希望恢复周礼，重立礼制。所以孔子对"仁"和"礼"都有大量的论述，除了以"仁"树人之外，孔子还希望以"礼"达人。"道之以政，齐之以刑，民免而无耻；道之以德，齐之以礼，有耻且格。"孔子希望以德性来感化人，以礼制来要求人。

"不学礼，无以立""不知礼，无以立也"，士人学习礼才能立身，"上好礼，则民莫敢不敬"，统治者守礼才能治理好国家。礼是天经地义的，它的个别规定可以损益，但基本原则是不能改变的。遵守这些规定就是各等级的人们的社会属性。因此，在孔子看来，人在社会生活方面所具有的规定性恰恰是人区别于禽兽的特点。与这个观点相适应，孔子在政治上提出复礼、正名的主张，反对上对下的过分压迫，更反对下对上的僭越行为。"八佾舞于庭，是可忍也，孰不可忍也"，孔子怒斥当权者对周礼的践踏，反对礼的形式化，希望回到以礼为本的时代。

（2）"仁"随"礼"显

孔子之所以强调"礼"，究其根本还是出自对"仁"的思考。孔子意识到了人具有复杂的社会性，要达"仁"谈何容易？礼乐崩坏的根本原因也是"仁"出了问题。倘若达到了"仁"的状态，就可以外显于礼。"人而不仁，如礼何？人而不仁，如乐何？"孔子希望以仁安礼，也就是希望让天下之人皆近乎仁，以天下为己任，自觉履行相应的道德规范，进而自觉实行"礼"之规范。当颜渊求教如何才能克己复礼之时，孔子答："非礼勿视，非礼勿听，非礼勿言，非礼勿动。"由此可知，孔子对"仁"的要求是以外化的礼为表现。人如果失去了"仁"，"礼"就会失去依凭，成为全然无用的东西。所以，"仁"与"礼"是有机的整体，只有二者结合方能达到应有的成效，否则任何一方都不能单独发挥其功用。

孔子认为礼是相对的，是可变的，周礼本身就是由夏礼、殷礼因革损益而来，同样周礼也会发生改变。"子张问：'十世可知也？'子曰：'殷因于夏礼，所损益可知也；周因于殷礼，所损益可知也。其或继周者，虽百世可知也。'"孔子要用"礼"来挽救礼崩乐坏的时代，重新建立起一种秩序。因此，孔子实际上对于"礼"也作出了调整。这种调整的关键就是为"礼"增加了"仁"这一新的立面，以使得两者相辅相成。

孔子希望士人成"仁"，所以给"仁"提了一个外在的标准；反过来说，"仁"是"礼"的内在价值依据。所谓"礼"和"仁"，可以直接理解成为同一个过程的两个方面。一方面，个人如果有"仁"的境界，那么他必然是守礼的，因为"仁"相对而言是个较为抽象的东西，是内在的一种道德情感，而这种道德情感需要依据"礼"来表现出来，从这个角度上来讲，"礼"也是"仁"的表现依据；另一方面，守礼也是行仁的表现，因为"礼"外化于行，一个人在外在行动上表现出"礼"，则可认为此人内心有"仁"之信念，因此，"礼"是"仁"的具体体现。

春秋时期僭越的诸侯大夫们为了显示自己的地位，以礼乐来装饰自己。但是礼制的根本在于心诚。"礼云礼云，玉帛云乎哉！乐云乐云，钟鼓云乎哉！"礼不仅是指玉帛等礼物，乐也不仅是指钟鼓等乐器，而在于所行礼乐背后的恭敬之心，只有仁固守于心中，行为才能合于礼。孔子从"仁"入手，揭示"仁"与"礼"的关系。"仁"是内在的心理因素，"礼"是外在的社会规范，只有二者结合在一起，才能够达到理想中的人的形象。唯有"一日克己复礼"，方能"天下归仁"。"三年无改于父之道可谓孝矣"，"弟子入则孝，出则弟，谨而信，泛爱众而亲仁"。孔子把"孝弟"作为根本原则，把长幼关系放于家人关系的重要位置，"孝弟也者，仁之本也"，父慈、子孝、兄良、弟悌、夫义、妇听、长惠、幼顺都是"礼"之表现。将孝悌关系迁移到君臣关系，事君如同侍奉父母一般，最为要紧的是恭敬之心。然而"禄去公室"久矣，新兴贵族（例如晋国的六卿）不断攫取国家的权力，并且通过相互的兼并不断壮大，天下已经四分五裂，人们心中早已不存"仁"也，孔子想要恢复的时代终究是无可奈何花落去了，孔子一生的不得志也根源于此。

 二 走近《论语》：了解《论语》之脉络

《论语》是记录孔子及其弟子言论的书籍，大致成书于春秋战国时期。由于年代久远又经历复杂的传承，因此关于《论语》成书的细节一直有许多讨论。

（一）《论语》编写之事

关于是谁将孔子及其弟子平时言行和讨论的内容记录并整理成《论语》的问题，大概有二十多种意见。我们通常讲《论语》是由孔子弟子及再传弟子编纂而成，但是弟子那么多究竟是哪些弟子呢？孔子有弟子三千众，孔子去世后弟子之间由于观点不同产生了分化，儒分为八，"有子张之儒，有子思之儒，有颜氏之儒，有孟氏之儒，有漆雕氏之儒，有仲良氏之儒，有孙氏之儒，有乐正氏之儒"，可谓众说纷纭，那么是哪一派、哪一代弟子编撰而成的呢？

1.《论语》是孔门弟子编撰的

汉代的刘向认为《论语》"皆孔子弟子记诸善言也"，孔子的弟子记录下来孔子所说的有意义的、好的言论。郑玄也认为是由"仲弓、子游、子夏等所撰定"，是孔子的弟子们在学习过程中记录下来的"听课笔记"。《论语》中也曾提到孔子弟子确实有记录孔子言行的习惯，子张问孔子何为行，孔子回答后"子张书诸绅"，将孔子的话记在带子上。因此，这种说法有一定的道理。

2.《论语》是孔门再传弟子编撰的

再传弟子更是难以考证具体是何姓何名。程颐主张"成于有子、曾子之门人",因为《论语》也尊称两人为"子"。《孟子》中也提到:"昔孔子没,……子夏、子张、子游以有若似圣人,欲以所事孔子事之,强曾子。曾子曰:'不可,江汉以濯之,秋阳以暴之,皜皜乎不可尚已。'"似乎孔子之后有若和曾参两人在众弟子中确实地位超然,《论语》中也有记载"哀公问于有若"这样的事情。但实际上《论语》中并非每次都对两人有尊称,也有闵子骞等人在书中被称作"子",因此我们可以推测,《论语》有有若和曾参的弟子参与记录,但不仅仅是出自这两人的弟子之手。另一个佐证为《论语》中常常出现重复之处,如"君子博学于文,约之以礼,亦可以弗畔矣夫"和"博学于文,约之以礼,亦可以弗畔矣夫",虽然书中所处位置不同但词句大致相似,说明《论语》并未经过统一的修订。可见,《论语》是出于多人之手,甚至进行了接力式的补充,可能是由孔子弟子及再传弟子共同完成。

3.《论语》是由汉人伪造的

这种说法主要起源于20世纪以来的"疑古"思潮,人们对于先秦许多古籍的真实性产生了怀疑。毕竟经历过秦朝一代的文化摧残,许多古籍都散失,所留线索皆为汉代。但是这种说法也只是推测而没有可靠的依据。

(二)《论语》命名之说

对于事物的发展而言,总不会是一开始就呈现出人们所熟知的样子,《论语》的命名亦是如此。在《论语》不断补充成书的过程中,

"论语"的名字并非一开始就确定的,而是在经过时间的锤炼中慢慢而成的。汉初时尚有人称《论》《语》《传》等等,说法还未统一,但关于"论语"一词是什么时候开始出现的,学术界也有数十种说法,讨论的焦点集中在"论语"一词是秦代之前还是秦代之后出现的问题。

一说认为从战国成书开始就有人称其为"论语"。主要依据是在《礼记·坊记》中说道"子云:君子弛其亲之过而敬其美。论语曰'三年无改于父子之道,可谓孝矣'",故而认为《礼记》已经有出现和引用过"论语"当中的内容,所以《论语》之名应当在《礼记》成书之前。传说《坊记》的作者是子思,而子思于公元前402年去世,因此,《论语》之名出现于秦朝之前。但事实上《礼记》的作者和成书年代本身也是一个谜,并非完全明朗。

二说"论语"的称呼是秦汉时期才补上的。此说出于王充的《论衡·正说》,"孔子孙孔安国以教鲁人扶卿,始曰《论语》",由孔安国开始教授《论语》才定名,即汉武帝时期。但《论语》名字的出现和使用时间可能并不同步,汉代时《论语》正式定名,不能证明汉代之前并没有出现"论语"的叫法。

但无论如何,《论语》是在汉代以后方通行的书名。"论语"的具体含义也有许多不同的说法,常见的有如下几种:

(1)班固在《汉书》中记载"《论语》者,孔子应答弟子、时人及弟子相与言而接闻于夫子之语也。当时弟子各有所记,夫子既卒,门人相与辑而论纂,故谓之《论语》","论"是"论纂"的意思,"语"是"语言"的意思,"论语"就是"接闻于夫子之语"以"论纂",孔子死后弟子们将所有对话记录下来学习和讨论,传承孔子的思想。

(2)"论","伦也",有论理之意;"语,叙也,"即讲述自己的观点。"论语"就是讲述自己的论理之言。郑玄的注中也有类似说法，后来邢昺进一步引申为"论者伦也，纶也，轮也，理也，次也，撰也。以此书可以经纶世务，故曰纶也；圆无穷，故曰轮也；蕴含万理，故曰理也；篇章有序，故曰次也；群贤集定，故曰撰也"。这种说法虽然涵盖了多重解释也颇有道理，但出自理学时代，难免有过于捧高之嫌。

（3）"论"是讨论、议论，"语"是谈说。《论语》就是关于讨论的话语。钱穆持此说，认为"语"之含义如同《国语》《家语》一般。《论语》目前所记录的言语仅仅是孔子和弟子讨论的结果，其中讨论的过程或许因为书写速度较慢、书写材料难得等原因不便全部展现，"子曰"二字是总结之言。

（4）"论"为"仑"，古时候"论"写作"仑"，意为按照次第顺序编写整理成册。章太炎认为《论语》是记载师与弟子之间问答的话，按照次第编写成册而已。

（三）《论语》版本之变

虽然大家认为《论语》成书于春秋战国时期，但经历了秦朝"焚书坑儒"和战乱，《论语》一度失传。至西汉出现了若干版本，其中著名的是《齐论语》《鲁论语》和《古论语》。

刘向说"鲁人所学为《鲁论》，齐人所学为《齐论》"，《齐论语》和《鲁论语》很可能自战国后期就已经出现并分别流传于齐地和鲁地，依靠两地的儒师口耳相授，后以汉代通行文字辑书，而《古论语》则据说是孔子后裔孔鲋为了躲避秦朝之祸而藏在孔子旧居的夹壁当中，汉景帝末年或者汉武帝初年由鲁恭王发现的版本，出土时上面的文字为战国古文，难以辨认，后经由孔安国训解编成《古论语》。

三者的篇目、篇名和篇数有一定差别。《鲁论语》和《齐论语》是《古论语》面世之前较为通行的版本。两者的篇名大体相同，不同之处为《鲁论语》为20篇，《齐论语》为22篇，比《鲁论语》多出《问王》和《知道》两篇；在相同的篇目中《齐论语》的章、句比《鲁论语》要更多一些。但是这两者的流传和传授情况并无确切记载。《古论语》则有21篇，比《鲁论语》多出《尧曰》一篇，篇章次序也不相同，例如以《乡党》为第二，《雍也》为第三，等等，与《齐论语》和《鲁论语》不同的有六百四十多个字。但是《古论语》出土时为蝌蚪文，经过孔安国训解而成书，原本面貌是否如此不能知晓。西汉灵帝时，安昌侯张禹先后师从夏侯健和王吉，在《鲁论语》的基础上兼采《齐论语》，形成了《张侯论》，篇目以《鲁论语》为依据，极受推崇。由于师承流派不同，自西汉末年持续至东汉时期一直存在今文经学和古文经学之争，但总体来说汉代《鲁论语》占据主流地位。直至东汉末年，郑玄以《鲁论语》为基础，结合《张侯论》，又参考《齐论语》和《古论语》，编撰出《论语注》，消弭了三家的差别，也成为了晋代到唐代的主要文本，也是后世通行本的最初样貌，可惜的是唐代后逐渐散佚。三国时期何晏、孙邕、郑冲、曹羲、旬顗等人共同完成《论语集解》，综合三国以前孔安国、包咸、马融、郑玄等人的注解，形成集注本。此后历代学者均对《论语》有所注解，但版本已经趋于一致，不能复分。故追根溯源，今天的《论语》版本主要是以《鲁论语》为底本，以《张侯论》为主要参考编写而成的。

（四）《论语》结构之论

　　《论语》总共二十篇，共计一万五千余字。《学而》第一，《为政》第二，《八佾》第三，《里仁》第四，《公冶长》第五，《雍也》第六，

《述而》第七,《泰伯》第八,《子罕》第九,《乡党》第十,《先进》第十一,《颜渊》第十二,《子路》第十三,《宪问》第十四,《卫灵公》第十五,《季氏》第十六,《阳货》第十七,《微子》第十八,《子张》第十九,《尧曰》第二十。每一篇的篇名并无特殊含义,而是取每篇开头有实际意义的两到三个字作为篇目标题。

《论语》包含内容众多,篇名的命名也无特别的含义,因此对于《论语》的结构是否有内在逻辑关系,学者们也持不同的看法:

(1)《论语》全书结构并无逻辑性。有学者主张《论语》的排序并无线索和意义,甚至不需要按照篇目顺序阅读。如杨伯峻认为:"《论语》又是若干断片的篇章集合体。这些篇章的排列不一定有什么道理,即使前后两章间也不一定有什么关联,而且这些断片的篇章绝不是一个人的手笔。"在杨伯峻看来,《论语》的排列其实并没有什么特定的规律与联系,可能不同的章节之间也没有什么特殊的联系,或许就是不同记录者前后不同时间将其记录下来而已。林语堂也认为:"这部书是未经分别章节,未经编辑的孔子冗杂语录。所论涉及诸多方面;但对所论之缘起情况则概不说明,而上下文之脉络又显得散乱失离。"

(2)《论语》的篇目有突出的中心思想。此种看法又可以分为两类,一类只是局部肯定,仅仅认为某些篇章中心思想比较突出,可以进行概括;另一类持不同观点,认为《论语》是精心营构而成的。如南怀瑾说:"在我认为,《论语》是不可分开的,《论语》二十篇,每篇都是一篇文章。我们手里的书中,现在看到文句中的一圈一圈,是宋儒开始把它圈断了,后来成为一条一条的教条。这是不可以圈断的。再说整个二十篇《论语》连起来,是一篇文章。"南怀瑾将《论语》看成一整个体系,各条论述之间都有所关联,主张回到《论语》原始文本本身来发现每一篇的中心。

（3）《论语》可以分为上下篇。以《论语新解》为代表，钱穆认为前十篇比较整齐，为上编；后十篇比较散乱，为下编，或许为后人续篇。一些学者对于上、下篇的主题也进行了概括，或说上篇讲儒家内圣学，下篇讲外王学；或说上篇谈学、谈治，下篇谈及门之事。

总体来说，《论语》的结构较为复杂，有的篇目内容比较明确，例如《公冶长》和《先进》两篇主要讲孔子对于弟子和时人的评价，主题集中而突出；有的篇目内容混杂，涉及不同方面，并无必须归纳中心思想的必要。李泽厚先生曾说："《论语》篇章的各种对话并无一贯系统，甚至七零八碎，但读毕全书，却仍可有一相当完整的生动印象。"在初读《论语》之时，或许觉得《论语》之间的各种对话并没有什么特殊的逻辑体系，甚至觉得结构比较散乱，但是，"书读百遍，其义自见"，当反复研读《论语》之后又不觉得纷扰杂乱，这或许也是《论语》的魅力所在，有"形散而神不散"之美。无论《论语》是简单的直接记录还是经过精心的编选，个人阅读后的所悟所得至关紧要。

同时，通过对《论语》结构如此多的分歧进行了解，也使得我们可以更清楚地认识到《论语》的编写并非一个人一蹴而就，而是经历了多代的整理和补充。

（五）《论语》内容之思

我国古代倡导科举取士，《论语》曾经作为教材和考试的内容延续了千年，说明《论语》确有很多可取之处。孔子是我国古代大思想家，他的思想涉及社会发展的方方面面，《论语》的内容博大精深、包罗万象，集中体现了孔子在道德、政治、经济、教育等方面的理念。我们现行的道德规范、价值取向和思维方式，很多都是在《论语》思想的影响下形成的。从这个角度上讲，《论语》对后世产生了巨大的影响。它融入了中华民族的血液中，成为民族精神必不可少的一部分。今天，我们处在不同文明对话交流且碰撞融合的时代，应当有自己的"文化自信"。

《论语》只有一万五千余字，却包含了政治、经济、哲学、教育等诸多方面。梁启超认为《论语》的内容可以分为八类："一关于个人人格修养之教训，二关于社会伦理之教训，三政治谈，四哲理谈，五对于门弟子及时人因材施教（注重个性）的问答，六对于门弟子及古人时人之批评，七自述语，八孔子日常行事及门人诵美孔子之语（映入门弟子眼中之孔子人格）。"其中第一、二项就已经占全书三分之二的内容，可见《论语》是一本道德之书。

《论语》从个人道德到社会道德，建构起了一个完整的道德体系。"修己以安人""修己以安百姓"是《论语》建构道德体系的主要路径，也就是后世儒家所讲的"内圣而外王"。"士不可以不弘毅，任重而道远。仁以为己任，不亦重乎？死而后已，不亦远乎？"任重而道远的士人需要修炼的品行包括仁、智、勇、恭、信、敏等等，其核心为"仁"；"仁"的基础是"孝悌"，父慈子孝，兄友弟恭。士人以美好的品德要求自己，对待家人是个人修养的体现，此为内；待人接物，朋友相处，君臣相交，需要君子将个人修养放在社会当中，而连通个人修养与社会道德的唯一准则是忠恕之道。忠恕之道就是"己所不欲，勿施于人"，推己及人的同理心使士人能够把对自己、对家庭的道德信念推广至对他人、对君臣，从而形成"君君臣臣父父子子"和谐有序的社会秩序。这种社会秩序的重要外在表现是"礼"。士人需要"约之以礼"，知礼守礼行礼，"克己复礼为仁，一日克己复礼，天下归仁焉"，失礼之人自然离仁远也，故礼是仁重要的外在表达。如此形成了以修己为本、以安人为任、以忠恕为法的道德修养路径。

《论语》中蕴含了"仁""义""礼""孝""信"等道德准则，不仅是中国传统文化的精髓，也是人类社会的道德通则，是我们成为一个品德高尚人的必修课。然而我们也应该警惕过于将《论语》拔高至缥缈不可亵渎的地位。李大钊曾说："吾华之有孔子，吾华之幸，亦吾华之不幸也。"甄别《论语》内容之中糟粕的部分，加以反思和批判也是我们阅读《论语》时应当注意的。

 **认识"君子"：做君子式的儒者**

  每当我们谈论孔子，脑海中浮现的是一个怎样的形象呢？是慈眉善目，正拱手行礼的长者，还是杏坛之侧，弦歌鼓琴的老师；是风尘仆仆却手不释卷的旅人，还是庙堂之上与诸侯论道的士人？我们无法精准地复刻两千多年前孔子的音容笑貌，但每个人的心中都有一个"孔子"。因此，每个人从不同的立面看《论语》也会有不同的观感。将《论语》视为"五经"之首，可以领会儒家所谓道统传承在孔子时期的原初样貌；将《论语》作为先秦"子学"，能够感受我国思想文化源流的磅礴气魄。两者都是《论语》成为经典的原因，但其不朽的根本在于——它是所有关于为人处世问题的"答案之书"。以这些答案共同构筑出的理想人格形象就是"君子儒"。

  我们常言"君子"，也知晓"儒"，然而何为"君子儒"？

（一）"君子"与"儒"的内涵流变

1. 君子：走下神坛的圣人

  "谦谦君子，温润如玉。""君子"一词原本指的是有着崇高地位的贵族，例如君主之子，然而孔子赋予"君子"一词崇高的道德含义。我们都知道，孔子认为道德的价值甚高，已经几乎等同于人生价值，故孔子所推崇的理想人格往往暗含着极高的道德标准，如"仁者""勇者""圣人"等等都有道德要求。

孔子言："君子道者三，我无能焉，仁者不忧，知者不惑，勇者不惧。"孔子认为君子兼具仁者、知者和勇者的特质。"仁"是"己欲立而立人，己欲达而达人"，心境平和，无愧于己也无愧于人，故无忧；"知"是益动益思故能"利仁"而不惑；"勇"是仁者必有勇，以全仁者之道而非莽夫之勇。《中庸》有言："好学近乎知，力行近乎仁，知耻近乎勇。"此为三达德也。"君子有三畏，畏天命，畏大人，畏圣人言。"可见，圣人的道德境界超过君子，然孔子认为当时"圣人，吾不得而见之矣，得见君子者，斯可矣"。圣人是存在于三代的接近于完美的神话式的人物，"圣人以通天下之志，以定天下之业，以断天下之疑"，往往带着不可捉摸的通晓天地万物的能力，居其位守其德，是道德的领袖。但"君子"是崇拜"圣人"而心向往之的人，所以他们对自身的道德修养有极高的追求，"君子"相较于"圣人"少了一些神秘，多了一份气度。《论语》中多次出现关于"君子"的讨论，尽管其中也仍有指统治阶级的意思，但更多是指向"有德者"。可见，道德认知水平正在随着教育下沉而逐渐提高，"君子"也从代指地位阶级的词语变成一种人格术语。

2. 儒：从职业到学派

众所周知，后世称孔子一派为儒家，春秋之时也有庄子等人如此称呼，但"儒"的最初含义为"柔也，术士之称，从人，从需"。术士主要从事祭祀、占卜等宗教活动，并且穿着特制的衣冠，看起来儒雅纡缓，是有着独立身份地位的上层人士。《论语》中也有记载孔子和弟子参与祭祀的场景,"乡人傩,朝服而立于阼阶",说明儒与术士之间确实存在一定关联。但是随着周王室衰微,王官也经历了阶级地位的下降。术士们既不事生产,也没有生计,唯一可以出卖的只有礼乐知识,他们因此替人主持婚嫁丧仪之礼或传授乐舞礼仪知识以维持生活,他们可能从事教育工作,可能以占卜为生,也可能去主持丧葬礼仪等。"儒"到底是什么人的问题自《汉书》起就多有讨论,或曰儒盖出于司徒之官,或曰儒指教民道艺者,或曰儒乃柔逊的殷民族教士。总而言之,"儒"是术士,并在孔子的时代开始变得职业化,"儒"代表一种职业身份。孔子所从事的也正是这样的职业,他讲授"六艺",宣传礼乐知识,是其学说的突出代表,因此,孔子及其弟子被称为儒家。"儒"从一种职业身份演变为以孔子为代表的一种学派,儒者就是指践行儒家思想的有道德、有知识的人。

(二)"君子儒"的形象特质

"君子儒"出自孔子对子夏的教导:"汝为君子儒,无为小人儒。"说明在孔子所处时代,"儒"的品质参差不齐,有"君子儒"也有"小人儒"。据说子夏的先人为卜氏,也是儒的一种,孔子是针对这种情况对子夏进行教育。"儒"作为一种职业,是指社会角色,"君子儒"的内涵更多地指向社会道德。"君子"所拥有的仁义、智慧和勇气主要是"修己",而"君子儒"则将个人的道德与社会的道德统一起来。在"君子"和"小人"后加上"儒"字,更加明确了两者的区分。因此,"君子"绝不独善其身,他们是积极入世的"君子儒",对于自己所承担的社会角色有明确的责任意识。子路曾问孔子何为君子,子曰"修己以敬人",子路问就这样而已吗?孔子又答"修己以安人",进而"修己以安百姓",如此才有可能成为尧舜这样的圣人。

"君子儒"是"内圣"与"外王"的结合体。孔子本身也是"儒",然"君子不器","饭疏食饮水,曲肱而枕之,乐亦在其中矣。不义而富且贵,于我如浮云",他并不将自己局限在开私塾教学生以谋生存的目标之中。我们常用"礼崩乐坏"形容孔子所处的时代,但孔子认为"周监于二代,郁郁乎文哉",想要恢复周礼。处在历史变局中的孔子似乎少了些"圣人"的睿智,他敏于学,"发愤忘食,乐以忘忧",他"有教无类""因材施教",他"述而不作,信而好古",他四处游说,"累累如丧家之狗",明知不可为而为之,心怀天下。"老者安之,朋友信之,少者怀之"才是孔子的人生追求。因此,我们可以说"君子儒"乃"君子式的儒者"。随着"君子"与"儒"含义的不断变化,孔子所言"君子儒"已经成为儒家学派理想人格的代名词。"据于德,依于仁,游于艺"而不改"志于道"正是"君子儒"的人格特质。

1. 志于道

"君子务本,本立而道生",君子与"道"相联系。《论语》中"道"字曾出现59次,或用作动词,如"道千乘之国""道之以政",表示治理、引导的意思;或为具体的实词,如"道不同不相为谋""虽小道必有可观者焉",表示道路、技艺。但是更多的时候,"道"具有形而上学的哲学含义。孔子说"志于道",是一种对"道"的执着追求。"朝闻道,夕死可矣",这是孔子毕生追求的理想。然而,"道"是什么?孔子说"士志于道,而耻恶衣恶食者,未足与议也",志于道的人不在乎吃粗粮穿破衣,可见"道"并非一种物质追求。子贡说"夫子之文章,可得而闻也;夫子之言性与天道,不可得而闻也",夫子不言性和天道,又知孔子所说的道也并非简单的"天",也确实很少谈到天道。谈到"性"的仅有一句,即"性相近,习相远也",却没有进一步阐发。而子贡将"性"与"天道"并列而言可见两者或许有一定关系。"天命谓之性，率性谓之道，修道谓之教"，上天赋予人"性"，天性相近，依着性子发展就是"道"，后天对"性"加以修剪磨炼就是教育，也是孔子认为后天"习相远也"的原因。因此，"道"在孔子这里是"人道"，而非"天道"。此"人道"既包括"君子之道"，也包括"邦之道""先王之道"。君子"志于道"以达"天下有道"，社会的和谐发展是孔子之"志"。"君子学道而爱人"，"君子儒"是心怀大爱的，从"爱己"到"爱人"，实际上是层层递进的过程。

2. 据于德

"据者，执守之意。德，则行道而有得于心者也。"德是君子内心所据守的总则。钱穆将其比喻为根据地，想要"道"于天下，就需要遵守"德"，正如在外行军打仗需要有根据地一般。

"德"与"道"有密切关系，"德"是追求"道"的过程中必须坚守的根本，而"德"可以看作"仁"的总称，是我们今天所理解的道德。"大学之道，在明明德，在亲民，在止于至善"，至善也为至德，"周之德，其可谓至德也已矣"。至德是最高的善，仁也有"根本善"的含义，即所有美德都是因为仁才能称得上是美德。换言之，仁是一切美德的价值根源，只有指向仁的品质才是美德。"仁亦为全德之名，故孔子常以统摄诸德"，这样，仁就是判断一种品质是否为美德的终极标准，这个标准可以把美德从普通的品质中区分出来。"仁"是"德"的基础，"德"是"仁"的起点。"德"将"道"与"仁"链接在一起，上达天道，下达仁人，既是道德，也是仁德。

"君子怀德，小人怀土；君子怀刑，小人怀惠"，君子首先关心的是道德，孔子说"德之不修，学之不讲，闻义不能徙，不善不能改，是吾忧也"，自身之德修，社会之德行，都是实现道义的重要环节。

3. 依于仁

"仁"比"德"更为具体，正如我们前文所说，是种种优良品质的表现，是个人道德，规定到君子言行的各个方面。因此，"仁"不可违背，不可丢弃。"君子去仁，恶乎成名？君子无终食之间违仁，造次必于是，颠沛必于是"，言行时刻依照仁德。

孔子言"夫仁者，己欲立而立人，己欲达而达人""己所不欲，勿施于人"。这里孔子将"将心比心，推己及人"确立为基本的道德原则，这种道德原则介乎利他主义与利己主义之间，强调在移情式理解基础之上的人际互爱。孔子又强调"为仁由己"，指出："仁远乎哉？我欲仁，斯仁至矣！"这是一种由道德自律达到心灵自由的义务伦理。在孔子那里，个人不是向外寻求相对他人的自由，而是向内寻求相对于自己的自主，即人格的独立和道德的自主。人只有实现在道德上的自主，才能实现真正意义上的个人自由。仁学的道德完全由自己的本心，所以"仁"要求人们有高度的道德自律。

仁之所以重要，就在于求仁者的精神境界高于常人。简言之，孔子试图用仁来解决人与人相处的两个终极性的难题：对于个人而言，人应该为仁而活，求仁得仁便是人生的最高理想，也是人生幸福的源泉；而对于整个人类而言，社会的整体和谐必须通过礼乐制度来加以保证，礼乐制度的实行又必须依靠每个人内在的仁心。《礼记》曰："君子乐得其道，小人乐得其欲。"小人得其欲，则欣喜若狂，且患得患失，忧患终身；君子得其道，则与道为一，且恢弘坦荡，终身无忧。在孔子看来，君子只有以"仁"为心宅，才能真正做到心有所安、心无所忧。

4. 游于艺

艺，即礼乐射御书数，包含了知识和技能两个方面。虽然孔子说"入则孝，出则弟，谨而信，泛爱众而亲仁。行有余力，则以学文"，君子的德行是首要的，而学习六艺主要是为了"致于道"，因此，学习知识可以看作是实现道义的手段，但是我们也不可以轻视"艺"的作用，"六艺"包含"礼""乐"。"礼"与"乐"相辅相成，所以不可偏废，尤其对于儒者来说更应该学习此道。"虽小道，必有可观者焉，致远恐泥，是以君子不为也"，孔子好学，不仅熟读诗书，"定公以为司空，乃别五土之性，而物各得起生之宜，咸其所得"，对于土壤的性质也能了解，懂得因地制宜。然而"君子不器"，在学习"艺"的过程中不能拘泥于某种技巧，而要有悠游的心态，"博学而笃志，切问而近思，仁在其中矣"，在学习中笃定弘道的信念，坚定仁德的修养，心怀报国之情，才能为国家栋梁。

学艺，成德，成仁，达道，"下学而上达"，君子不仅应该成全自身的道德修养，还要致力于大道的实现，向下好学乐知，向上要弘道达道。孔子一生诠释了"君子"与"儒"的内涵。"君子"成为士人所追求的人格形象，"儒者"成为知书达理的代称，"君子"的翩翩气质与"儒者"的涵养气度都从孔子发端。"能志孔子之所志，学孔子之所学，乃为《论语》之最大宗旨"，成为君子式的儒者是后世读书人从《论语》中汲取的人格理想形象。

这让我们不禁想起，《论语》中孔子问弟子们的志向，曾晳说：暮春的时节，天气和暖，春耕之事刚结束，"冠者五六人，童子六七人"到沂水里游泳，去舞雩台上吹风，唱着歌回家。孔子长叹了一声表示赞同。这时候的孔子不是听闻季氏八佾舞于庭的怒目金刚，不是困厄于途七日不食的"丧家之狗"，而是悠然乐哉的普通学者。但孔子宁愿颠沛流离也想要扳正倾颓的世道,一生不改其志,不愧为后世君子儒者的典范。孔子死之前,感慨自己身体衰朽,已经很久不再梦见周公了。周公是孔子心目中的"圣人",孔子对其无疑有着极高的崇敬,孔子不复梦见周公或许也包含着对周制永远埋葬的伤感。泰山其颓,梁木其坏,哲人其萎。

四 学亦有道:学习方法与推荐书目

对于《论语》的学习来说,只要方法得当,则会达成事半功倍之效。具体来看,其一,在学习期间需要"学而有思",即在学习时进一步思考,以便理解《论语》思想之精髓;其二,要明确《论语》的学习非一蹴而就,要学会"学有多次",及时复习,反复阅读,方可收到学习成效;其三,《论语》的学习不是孤立的,要学会去利用不同的工具来辅助其学习,即"学有所助"。

(一)学而有思

正如上文中所言,《论语》中有述:"学而不思则罔,思而不学则殆。"即要将学习与思考结合起来。阅读《论语》,意味着与孔子思想的碰撞,也算是一场跨越千年的对话,所以在学习中,首先应当将孔子的言论放到大的社会背景下去考量。思想家往往思考的是他所生活的时代中出现的问题,我们应该放下"上帝视角",也不能加上"圣人滤镜"。我们可以将孔子看作我们的老师,对于孔子和弟子们提出的问题也试着"参与"思考和讨论。当然,这不能脱离春秋和战国时期的社会背景。此乃思考的方向之一。

我们自小学习《论语》，但往往只是背诵或是考试时一用，以至于如今仍然如"盲人摸象"，或是只知背诵而不解其意，或是过于潦草而产生偏差。背诵从来不是目的，求知方是。《论语》文字简练，意义浓缩，如果只是机械的文字记忆和敷衍的表面理解则辜负了《论语》的真义。《论语》中所呈现出的见解历经千年时光仍不过时，如果能够深入哪怕只是两三个字的背后深切考察，细致思考，收获将成倍增加。举例而言，我们对于论语中的"仁"之一字仍有疑惑，可以将《论语》之中谈到"仁"的内容加以整理，分条列出，加以比较和总结，或许能够有所精进，对于"君子"之研究亦然。此乃思考的方向之二。

（二）学有多次

"学而时习之""温故而知新，可以为师矣"，这是《论语》对我们学习的启示，也可以用到《论语》的学习当中。

《论语》在先秦的诸子之书当中篇幅较长，而且内容散乱，令人读之惘然，久之失去兴趣。对《论语》的研究自其诞生起就鲜有中断，诸多大家花费数十年研究这万余字，我们自然不能一遍就能完全理解其中要义，而是要反复去读。

"书读百遍，其义自见。"朱熹所注《四书章句集注》也乃反复多年研读，偶然之间茅塞顿开，发现了一套新的逻辑，再造经典。所以，可能每一遍都会产生不同的见解。正如孔子所说，学了新知识之后再去及时实习演练，是一件很快乐的事情。诚然，学习不是一件容易的事情，尤其是对《论语》的学习需要有一定的耐心。

此外，《论语》所讲乃人生的通义、道德的通则。人的道德观念随着年龄和阅历的增长也会发生改变，因此在不同的人生阶段阅读

《论语》也会有不同的感触。可能在初读的时候觉得有晦涩难懂之处，但每读一遍都可以记录心得体会或者疑难质问，待到复读再次记录，或许若干遍之后也可集成书册而有大成。

（三）学有所助

如果只是单纯地去阅读《论语》，可能并不能完全掌握其中要义，所以须得有所助力。《论语》所言之义理精且粹，往往言语简单而内涵深远。因此，尽管我们直接入手能够读通《论语》十之五六，但有难度的是理解《论语》的意蕴。要解《论语》的意蕴，就需要配合注解。对《论语》进行注释的书册两千年来足有数百种，更不提其他零星的材料，对《论语》的学习研究已经形成了系统的《论语》学。作为一名中国人，能够熟读玩味，切己体察，就已经达到了《论语》劝人修身安人的本意，这都是《论语》价值的体现。因此，我们可以选择杨伯峻的《论语译注》配合《论语》的学习，这本书采用白话文体，论证周详、语言流畅、表述清晰，以注释准确、译注平实著称，也有很高的学术价值，雅俗共赏，是读《论语》的入门佳作。

当然，经典值得细致地品味。儒家作为我国思想文化的重要流派，在传承过程中经历了融合与发展的过程，也反映在不同时代《论语》的注本当中。如汉代《论语》注本实际上有今文学派与古文学派的差别，魏晋时期所注《论语》引入了玄学的内容，唐代援佛入儒，宋代则是在阐述新的儒学流派，《论语》研究中自然也加入了理学的言论。当然，这些注本都对我们理清和研究儒家思想有帮助。钱穆以为，论语注以魏晋时期何晏的《论语集解》、宋代朱熹的《论语集注》以及清代刘宝楠的《论语正义》为每个时期的代表。《论语义疏》保存了大量梁以前的《论语》古注，为研读《论语》的必读参考资料。

南宋乾道、淳熙以后亡佚，清乾隆年间由日本传回中国。朱熹从《礼记》中抽出《大学》和《中庸》，合《论语》《孟子》为《四书》，用很大功力集成《四书集注》。自明朝至清末，作为科举考试的规定教材，影响很大。《论语正义》是刘宝楠及其儿子刘恭冕接续写定的，征引广博，折中大体恰当。此外，还有唐代孔颖达、明代刘宗周所注也具有较高的阅读价值，近代程树德、李泽厚等大家也对论语进行了解读，一并列出版本信息如下：

[1] 何晏.论语集解：四部要籍注疏丛刊论语[M].北京：中华书局，1998.

[2] 孔颖达.五经正义[M].北京：北京大学出版社，1999.

[3] 朱熹.论语集注[M].北京：中华书局，1983.

[4] 刘宗周.论语学案：刘宗周全集[M].杭州：浙江古籍出版社，2007.

[5] 刘宝楠.论语正义：十三经清人注疏[M].北京：中华书局，1990.

[6] 程树德.论语集释[M].北京：中华书局，2006.

[7] 钱穆.论语新解[M].北京：生活·读书·新知三联书店，2002.

[8] 李泽厚.论语今读[M].北京：中华书局，2015.

除了对《论语》进行注解，也有一些记录孔子生平事迹的传记性文献，如《史记》中的《孔子世家》以及《仲尼弟子列传》等都对我们阅读《论语》有辅助性作用。近年来，由于国学大热，出现了一些原典与纪传相结合的研究作品，以李零的《丧家狗》和《去圣乃得真孔子》为代表，从独特的视角出发，立足孔子生活的时代背景，对"圣人"进行解构，也是值得一读的佳作。此外，还有研究《论语》的工具书，如骆承烈所编的《孔子历史地图集》，将孔子放在当时的历史时空进行考察，整理了孔子的先世图、孔子周游列国图、孔子教学活动地点分布图等，以图像的形式立体地展现了孔子的活动轨迹，对我们更加形象直观地研究《论语》有辅助作用；张岱年所编写的《孔子大辞典》、杨伯峻的《论语辞典》对于初入门的研究者快速掌握文义有所裨益。如果想要更加深入地了解孔子，多角度地透视孔子的生活经历，也有许多作品可以参考，如王肃整理的《孔子家语》，钱穆所著《孔子传》，明代陈镐撰写、清代孔胤植重撰的研究孔子后裔以及孔子故里的《阙里志》等等。

《论语》自17世纪以后也被翻译为英文，在西方世界产生了影响。如果想要体察《论语》在不同语种和文化体系中的表达，也可以选择英文版本进行比照学习。英语世界对《论语》的译介在大多数历史时期都是以基督教神学附会孔子的儒家哲学。这种研究状态直到20世纪后半期才有所转变。第一位翻译《论语》的外国人是在印度传教的英国人马士曼（1768—1837）。马士曼从未到过中国，有人推测他是在一位华人的帮助下学习中文的，并于1809年在印度出版了他本人翻译的《孔子著作》。该书实际上是《论语》的节译，从《论语》的第一章译至第九章。英国著名传教士和汉学家理雅各（James Legge，1815—1897）是第一个系统研究、翻译中国古代经典的学者，从1848年开始，在王韬（1828—1897）等人的帮助下开始翻译儒家经典。1861年，理雅各翻译的《中国经典》（第一卷，包含《论语》《大学》和《中庸》）在香港出版。但影响最广的是安乐哲（Roger T. Ames）、郝大维（David L. Hall）的版本，采用了比较的方法展现出中西方哲学的不同。

思考题：

1.子谓公冶长："可妻也。虽在缧绁之中，非其罪也。"以其子妻之。

子谓南容："邦有道，不废；邦无道，免于刑戮。"以其兄之子妻之。

——《论语·公冶长》

以上两则分别是孔子评价公冶长和南容的话，提到孔子将女儿嫁给了曾经进过监狱的公冶长，将侄女嫁给了治世可以有为、乱世可以自保的南宫适。结合两位弟子的背景和孔子的评价，谈一谈你对孔子择婿观的看法。

2.中华民族好礼，也有"礼仪之邦"的美誉。然而"上好礼，则民易使也"，孔子的"礼"本质是一种等级制度。你如何看待这种说法？孔子所讲的"礼"在现代社会中还有存在的价值吗？

3.孔子是"君子儒"的典范。孔子之后数千年中风流人物层出不穷，谈一谈你心目中当得起"君子儒"之称的人并阐明理由。

读书感悟：

格物致知　止于至善

《大学》导读

◎ 张雪红

　　《大学》是先秦时期儒家学派的一部重要典籍，它比较系统地论述了原始儒家大学教育实践的理论建构，是中国传统文化的重要组成部分。因为年代久远，《大学》一书的作者已无从考证，约成书于战国末年或者秦汉之际。

　　《大学》原本是《礼记》中的一篇，通篇只有1700余字，在唐代以前虽然并没有单行本问世，但韩愈、李翱等人就已经十分推崇这篇文章，将其与《论语》《孟子》等经典相提并论，使其地位得到了很大的提升。至北宋，《大学》更日益备受关注，张载、司马光和二程（程颢、程颐）等北宋学者士大夫们特别推崇该书，把它视为修己治人之学的儒家重要典籍，脱离《礼记》的《大学》单行本开始面世。程颐曾评价说：“《大学》，孔氏之遗书，而初学入德之门也。于今可见古人为学次第者，独赖此篇之存，而《论》《孟》次之。学者必由是而学焉，则庶乎其不差矣。”可见，程颐是把《大学》列为入德和入门学习用书来加以推广和提倡的。二程认为，《大学》的章次有错简之处，故对文本作了新的编订。南宋的朱熹继承了二程的思想，不遗余力地推崇《大学》。在二程考订的基础之上，根据自己多年学习和研究的心得体悟，朱熹不仅对《大学》调整了次序、分别了章节，还增写了"格物致知"章补阙进去，从而完成了《大学》的进一步整理编订。朱熹将《大学》整理编订为"经"和"传"两部分，认为开篇的前205字为"经"，是全书的纲领和主旨，是曾子记述的孔子之言；后面为"传"10章，计1546字，是关于"经"的解读，为曾子门人记述的曾子之意。然而朱熹并没有为关于"经""传"的这一说法提供客观的依据支撑。

《大学》一书的儒家经典地位，是随着南宋之后"四书"地位的确立得以逐步提升的。南宋朱熹举毕生之力对《大学》《中庸》《论语》《孟子》进行学习研究，完成《四书章句集注》一书的编纂。该书一经面世，遂成为士子学习儒家著作的经典读本，其在社会上的影响日益显著。元明清三朝，《四书章句集注》被指定为官方的科举考试用书，《大学》作为儒家核心经典著作的地位进一步凸显，随之其对中国封建统治后期产生的影响也日益凸显。《大学》所阐发的义理精神深刻地融入了中国士人的心理结构和国民的文化血脉之中。

《大学》的要义，是后世提炼出的广为称颂的三纲领和八条目。三纲领是《大学》阐发的大学教育宗旨，八条目则是实现"内圣外王"这一宗旨的途径。"内圣"是"内求于己"，属于"八条目"第一阶段"格物、致知、诚意、正心、修身"的道德修炼范畴；"外王"是"外用于世"，为"八条目"第二阶段"齐家、治国、平天下"的外用于世范畴。"内圣外王"之道也是中国儒家"穷则独善其身，达则兼善天下"的一贯主张。

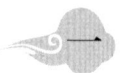 **大学三纲领：大学教育的目的和宗旨**

"大学之道，在明明德，在亲民，在止于至善"是《大学》开篇

的第一句话，也是《大学》全书的纲领。这里的"大学"应该是与"小学"相对而言。古人八岁入小学，学习"洒扫、应对、进退，礼、乐、射、御、书、数"等礼节和基础知识技能。十五岁入大学，学习伦理、政治等穷理尽性、修己治人的学问。大学之道，表明大学的宗旨是彰显人的光明德性，亲近人民，最终达到至善的目标。"明明德""亲民"和"止于至善"三纲领被后世广为称颂流传。

明明德，第一个"明"，是动词，彰明、彰显的意思。"明德"，是名词，指人所得乎于天的光明德性。彰显人的光明德性，蕴含着人天生具有美好善良的品性。按照思孟学派的观点，人天生具有善良的品性，就如同出生的婴儿，天然就有爱父母的品质，年龄稍长，自然而然会敬爱兄弟姐妹。比如看到路边小孩有落井的危险，人自然而然会心生恻隐之心去救助一样，善良的品性是人与生俱来不教而能的。但是由于受后天私欲的玷污、外界不良习气的影响以及气禀局限等原因，先天的明德容易越来越受到后天的污垢蒙蔽。为此，我们就需要像对待镜子一样，时时不断地去擦拭，使得美好善良的先天德性得以保持。

儒家为什么把修炼美好善良的德性看得如此重要呢？这是因为：修德者，积善之谓也。善念起而德已随之，恶念起而失已随之，若影之于形也。善恶之念如影随形一样与个体的言行紧密相随，影响着人与人之间的关系，以及社会的稳定太平与否。因此，儒家认为通过学习修身恢复和发扬先天"明德"就显得尤为重要。那么儒家推崇的"德"究竟指的什么？另外一部儒家经典著作《中庸》这样阐述："智、仁、勇三者，天下之达德也。"这一点与至圣先师孔子的主张一脉相通。孔子说，智者不惑，仁者不忧，勇者不惧。在儒家看来，智慧之人不会感到困惑，仁爱之人不会感到忧愁，勇敢之人不会感到畏惧。具有了"智仁勇"的品德，就可以算得上拥有最高品德的君子了。可见，把明明德作为首要的大学教育目标，是儒家一贯强调的"修己"根本。《诗经·大雅·抑》："无言不雠，无德不报。"表达了作者告诫周王在为人处世方面，时时处处都应该谦虚谨慎，遵守礼节，以高尚的道德要求自身，做好国人的道德表率，并使得国人都具备如此的品德。因此，加强学习和践行自身道德修养，做好"修己"的第一步，接下来"修己以安人""修己以安百姓"，即达到修养自己使别人安乐、修养自己使百姓安乐的推己及人的更高境界。由此可见，《大学》把"明明德"作为大学教育的首要任务，是与为学做人的次第紧密相连的。

"亲民"作为《大学》的第二条教育纲领，与儒家的德治仁政主张是一致的。品德高尚的君子，就要体恤百姓疾苦，亲爱百姓，不能为了统治者自身的安逸享乐而劳民伤财。只有仁爱人民，才能得到众人的爱戴，最终实现垂拱而治。《说文》：仁，爱人。仁德，就是君子要具有亲近人民爱民如子的嘉德善行。"仁"是君子"达德"的重要方面，统治者只有体恤百姓，才会家国兴旺、治国安邦。关于"亲民"的另外一种解释，是把"亲民"释为"新民"。朱熹认同程颐的看法，认为"新者，革其旧之谓也。言既自明其明德，又当推以及人，使之亦有以去其旧染之污也"。明德是修己，新民属于治人范畴。朱熹认为君子不仅要心正身修、以身作则，自己要具有明明德的品行，还应当"齐家治国平天下"，也就是说，君子不仅仅要独善其身，还要推己及人、兼善天下，用明德去诱导启发教化整个国民，使天下人摆脱愚昧，达到明其明德，去除旧污，以做新民，从而天下大治，实现移风易俗的"大同"社会。新民展现了儒家胸怀天下、治国安邦的责任担当。

"止于至善"体现了儒家修己治人的终极目标和最高追求。"明明德""亲民"是个体动态的不断进步、逐步完善进而天下治的过程，是君子克服缺点、消除私欲、修炼身心、仁爱天下的过程。那么这个过程达到一个什么样的境界呢？《大学》明确表示：止于至善。何谓"止于至善"？朱熹解释说："止者，必至于是而不迁之意。至善，则事理当然之极也。言'明明德''新民'，皆当止于至善之地而不迁。"朱子解释说这里的"止"有两重内涵：止于其所止之处与止于其所止之善。由于每个人的身份、地位不同，同一个人在不同时间、不同场合担当着不同的角色，因此，每个人所当止之处也不尽相同，而且随着时间、场合的不同也会有变化。而"至善"，则是至极之善，"为人君止于仁，为人臣止于敬，为人子止于孝，为人父止于慈，与国人交止于信"，可见，"仁、敬、孝、慈、信"是儒家确立的君臣世人所追求的至善之境。一刻没有达到至善的境界，就不要停止自我修炼、自我完善和自我提高的步伐。

止于至善的境地，是一个努力奋进的过程，需要人螺旋式不断上升和进步，而非一蹴而就。"如切如磋者，自修也；如琢如磨者，道学也。"日日精进，不断学习提高知识技能，并在具体的行动磨炼中才能成长进步，不断接近于至善的目标。

"物有本末，事有终始，知所先后，则近道矣。"何为本末？何为终始？由《大学》不难看出：儒家视明德为本，亲民为末；知止为始，能得为终。"知止而后有定，定而后能静，静而后能安，安而后能虑，虑而后能得。""知止而后有定"表达了知道止于至善的目标后，心因为确立了明确的方向，便不会再迷惑，接下来便能宁静致远、心神安泰，进而思虑周详有所得、有所进步，最终达到理想的境界。三纲领"明德""亲民""止于至善"是由己及人、层层推进的过程，是儒家修养的目标。

二 大学八条目：实现大学纲领的方法和步骤

大学教育目的和宗旨已经明了，那么通过什么样的途径才能实现这一目标呢？《大学》为我们提出修己治人的完整过程和具体步骤，即：格物、致知、诚意、正心、修身、齐家、治国、平天下。这八个步骤层层递进又逐个包含，在环环相扣中体现了阶段与过程的统一，构成了中国传统道德政治教育的完整体系，并为后人世代继承发扬和传颂。这个由个人修养到政治实现的八个步骤被后世称为"八条目"而广为称颂。

"古之欲明明德于天下者，先治其国；欲治其国者，先齐其家；欲齐其家者，先修其身；欲修其身者，先正其心；欲正其心者，先诚其意；欲诚其意者，先致其知，致知在格物。物格而后知至，知至而后意诚，意诚而后心正，心正而后身修，身修而后家齐，家齐而后国治，国治而后天下平。"前一句就"八条目"逆推功夫，后一句就"八条目"顺推功效。前一句六个"先"、一个"在"，是就实现"八条目"的功夫而言；后一句七个"后"的叙述，则是就前面一步的功效而言。这样一个逐步递进、相互包含的逆推和顺推过程，是实现儒家"三纲领"目标具体步骤方法。

（一）格物、致知，是《大学》教育士人为学为人的第一步，也是"八条目"的基础

汉代孔颖达说"致知在格物者，言若能学习，招致所知"。郑玄则解释说"物，犹事也"，而"致"则是达到、求得、穷尽。可见古

人认为致知格物是通过学习书本知识或者就实际生活当中的事物事理上磨炼功夫，而获得知识和所知所能所行事理的过程。王阳明也说：格物致知者，致吾心之良知于事事物物也。"格"本义为"正"，引申为接触、推究，也就是将心放在知识和事理上磨炼，进而有所得有所能。可见《大学》表达的格物致知是将身心在知识和事理上下功夫，进而推究穷极知识和事物事理的根本法则。也就是说，人们通过学习探求知识，通过研究事物事理的内在本质和发展规律而有所得有所悟，进而穷尽事理的本质，再去践行，这个过程就是格物致知。当年孔子站在河流边上，看着奔腾不息的流水，发出了著名的临川之叹："逝者如斯夫，不舍昼夜。"也是在格物致知中的一种体悟和感念。《大学》把格物致知放在为学做人的关键第一步，把它视为道德修养的基础和前提，强调主体去学习和践履社会伦理和道德原则，以理想的政治伦理道德规范修养自己的重要性。

（二）诚意、正心，是修炼内心道德、加强自身修养的重要环节

"诚其意者，自修之首也。"格物致知偏重对外界知识和客观事物事理的认知，诚意正心则是儒家对自身内在情感意志的身心修养修炼。在儒家看来，信者，诚之始。诚意之事，行事之本，人无信则不可交也，诚意是自我修养的开端。何谓诚意？诚意就是真实无妄"不自欺"。诚意应该就像人天生厌恶恶臭的气味、爱好美好的事物一样自然真实，正所谓"诚于中，形于外"，诚意正心是自然而然由内而外的自然流露。正心诚意，才可以磨炼身性，修养自身，才能更好地去为人处世，并能得到广大人民的支持，才可以有所作为，并造福天下。《太平御览》："可以使鬼者，钱也；可以使神者，诚也。"可见真

心诚意是多么的关键。君子只有自然真实地以崇高的道德标准时时要求自我，日日修炼身心，才能提升道德水准，为民做好诚心正意的表率，从而使人民仿效，并在全社会养成"民无信则不立"的良好风尚，那么社会的教化、国家的治理则可以唾手可得了。

"慎独"是中国传统文化的重要精神和内涵，指在"他人所不及知而己独知之者"时，反省自身，进行道德自律。也就是说当一个人独处的时候，也即只有天知、地知，而没有其他任何人在场的时刻，在意念未发的情势下，仍像"十目所视，十手所指"于众目睽睽之下一样，满怀敬畏之心，真心诚意地去自觉坚守和践行道德信念，规范自我言行。慎独是儒家提倡的诚意正心的至高境界，强调人们的言语行为是出自内心对道德的真诚敬畏，它是主体本身道德修养自然而然地外发流露，而不是由于外在环境的力量胁迫使然。正如财富可以修饰房屋一样，慎独时的诚意可以润饰我们的身心，锻炼我们的操守，使我们身体舒适、心胸安泰。

"正心"，即不为外部环境干扰、不为内心偏私左右，时时处处坚守存心养性的中正状态。正心作为儒家重要的内心修养功夫，正如《大学》所写："身有所忿懥，则不得其正；有所恐惧，则不得其正；有所好乐，则不得其正；有所忧患，则不得其正。"明确表达了人心一旦遭到物欲、妄念、偏私等的牵引和遮蔽，就会对事物的判断、事情的认知发生偏颇，进而引起主体的行为发生偏差。"意诚而后心正"，人应该始终保持意念动机的纯正，不为愤怒、恐惧、好乐和忧患所影响和动摇，才能坚守"正心"状态。

（三）"修身"，是儒家"修己治人"的关键环节

格物、致知、诚意、正心，是实现修身的方法途径，齐家、治

国、平天下则是修身的目的和旨归。"自天子以至于庶人，壹是皆以修身为本。"怎么修身呢？儒家创始人孔子教诲学生子路"修己以敬""修己以安人""修己以安百姓"。这三重境界层层递进，体现了儒家通过"修身"达到培根固本提升自我后，推己及人、服务社会、兼济天下的"内圣外王"的思想和理念。"修己以敬"指的是以严肃认真的态度用道德涵养身心、修炼自我，做好"内圣"的道德功夫；"修己以安人"则是提升了自我的道德修养，拥有了良好的道德品行，那么与他人相处时，考虑顾及到他人的感受和利益，急他人之所急，想他人之所想，而最高的境界则是"己欲立而立人，己欲达而达人"，如此，自然会达到人际关系和谐的境地。由于此缘故，接下来进入"修己以安百姓"，进入与民同甘苦、共喜乐的百姓安宁、社会太平的境界。当然，孔子也感叹这只是一个美好的理想罢了，即使尧、舜这样的圣贤之君也很难真正做到"修己以安百姓"。尽管如此，儒家"修己以敬""修己以安人""修己以安百姓"是一以贯之、层层递进的，虽然很难达到这一理想的状态，但不妨碍作为每一个有抱负的君子孜孜以求的远大理想和奋斗目标。国父孙中山在中华民族遭受外国列强侵略、民族危难的紧要关头，仍然发出了全民重视修身、坚守传统文化优秀血脉的呐喊。他作《三民主义》说："我们现在要能够齐家、治国，不受外国的压迫，根本上要从修身做起。把中国固有知识一贯的道理先恢复起来，然后我们民族的精神和民族的地位才都可以恢复。"孙中山坚信，只有恢复清末被中断了的中华传统文化精髓，人人从修身做起，民族振兴的基石才能筑起。

　　天下之本在国，国之本在家，家之本在身。商朝国君把"苟日新，日日新，又日新"刻成盘铭以为警戒，时时告诫君王君子日日去除心之染污，不可须臾有间断，从而达到修身日进提高自我、完善自我的目标。修身不仅仅是君子的修炼，它更是人之为人的修炼，它与贫富、阶层、地位、贵贱无关，它是每一个人的每日必修的功课。社会要进步，民族要发展，需要人人"修身"日进。作为社会的个体进步了，整个社会才能发展，时代才能随之进步。当然，修身不仅仅是道德操守上的精进，也包含着学习进步和技能的提升。世界在变化，尤其是当今世界，局势每时每刻都在发生变化，人类的知识也正在以前所未有的几何递增速度叠加，新生事物、新生现象层出不穷，新的信息技术无时无刻不在产生，直令人眼花缭乱应接不暇。孔子高足曾子曾说："吾日三省吾身，为人谋而不忠乎？与朋友交而不信乎？传不习乎？"这是每天多次反省自身，自我审视在为学、为人、为事等方面是否有不足、是否有精进的真实表达和写照。伟大教育家陶行知先生要求青年对自己"每天四问"："第一问：我的身体有没有进步？第二问：我的学问有没有进步？第三问：我的工作有没有进步？第四问：我的道德有没有进步？"只有不断地自我"审问"、自我反省，才能不断进步，才能跟上时代的步伐。

（四）齐家、治国、平天下，是儒家践行"外用于世"的责任担当，是主体道德修养完善的最高阶段

"身修而后家齐"，修身是通往"齐家"之路的必要途径，而"齐家"则是实现治国平天下的基础。"修齐治平"作为儒家赋予士人的传统责任担当，是实现个人道德和理想的最高境界。中国古人的家庭生活是以家族为单位展开的，人员众多、结构复杂，可以说一个家族就是一个小社会。"身不修，不可以齐其家""其家不可教而能教人者，无之"。家教是什么？"孝、弟、慈"而已。"孝者，所以事君也；弟者，所以事长也；慈者，所以使众也。"在家恭顺孝敬长辈，庙堂之上必会忠心诚意侍奉君主；弟（悌）是敬爱兄长的正确态度，在家

敬爱兄长，在外定会敬重年长之人；在家慈爱关心呵护子女小辈，对待民众才会关怀仁慈。由此可见，齐家是君子学在人先，做在人先，通过个人的良好言行为家族中人所效法模仿，从而实现施教于家族内部的过程。《孝经》曰："孝弟之至，通于神明，光于四海。""其为父母兄弟足法，而后民法之也。"表达的都是儒家修身齐家的鲜明主张和立场。因此，治理好家族是实现治国平天下理想抱负的重要环节。

家齐而后国治，国治而后天下平。"欲治其国，先齐其家""一家仁，一国兴仁；一家让，一国兴让"。在家族做到了"仁"和"让"，则家齐。家是国的缩影，国是放大了的家，家齐而后国治、天下治。这里的"国"指的是春秋战国之际割据混乱纷争的诸侯国，天下治则表达了儒家渴望早日结束诸侯国争霸天下劳民伤财的乱局，实现天下太平、人民安居乐业的美好愿景。爱人者人恒爱之，敬人者人恒敬之。得到了民心，就赢得了天下。各国君主以民心为己心、爱民如爱子，民众终将犹如爱护自己的父母一样去爱戴和拥护君主。儒家提倡的"己所不欲，勿施于人"的为人处世规则，与《大学》里面的君子"絜矩之道"一样，表达了要求君子言行如一、率先垂范、以己度人、体贴百姓的道德情愫。无论是作为丈量围长的绳子"絜"，还是作为画直角的工具"矩"，都与君子发扬以身作则、推己及人的"身修家齐"的家教原则一样，"絜矩之道"的规范能够约束自身和民众的言行，并使众人按照一定的规矩行事，也正所谓无规矩不成方圆，一定的规矩和法则可使上下相安无虞、家国天下秩序稳定。因此，君子自己首先要具有为天下典范的德才之道、文武之艺，取得民众的尊敬爱戴之后，然后才有可能作为要求、衡量和引领他人他事的标尺和法则，最终实现治理国家平定天下的宏伟蓝图。

三 德本财末为修身治国之要

朱熹教导学生，为学先读《大学》以定其规模，并说"为学只在'明明德'一句"。由此可见朱子对"明明德"的重视。明明德不仅在儒学的理论体系中占有非常重要的地位和作用，而且深深影响着中华民族的国民性格和气质。从个人讲，明德是个人成长和发展路径的起点；从国家层面，明德是国家实行仁政亲民爱民进而实现垂拱而治的良好途径。"德者本也，财者末也"，通过学习和教化来培养举国之民良好的道德是儒家一贯最重视和所提倡的。因为道德是人之所以为人的根本，是国家命脉的根基，也是人与人之间、国与国之间交往的基石。如果把财富的追逐放在道德之上，那就是舍本逐末了，只能导致寡廉鲜耻、争权夺利，最终生灵涂炭、社会动荡。

"举直错诸枉，则民服；举枉错诸直，则民不服。"统治者不仅要自己道德优秀，具备为天下人效仿的道德节操，还需要有发现贤人的慧眼并任用贤能为民服务。"人之有技，若己有之；人之彦圣，其心好之"，这是儒家对统治者任贤举能的要求和期望。儒家不仅要求君子具备见贤思齐、见不贤而自我反省的品格，更要有见贤举荐、见贤任用，给贤良之人提供发挥才能的空间，使贤人有为有位。道德高尚的人被国家选拔任用，通过发挥自己的聪明才干为民服务，可以有效治理国家、造福黎民天下，并使江山社稷稳固和发展。居上位者要时时警惕和防范嫉妒贤良、压制贤良、堵塞贤良通达于上而不被任用的不良风气。要任用贤人做国之重器，驱逐奸佞小人远离政治中心，赢得民心拥护、天命庇佑；使得民众安居乐业，国家天下实现长治久安。如果亲佞臣小人，远君子贤人，社会的治理就会错乱，君王就得不到天命的庇佑，并最终失去人心和天下。《康诰》曰"惟命不于常"，道善则得之，不善则失之矣。社会要想平稳运行，必须由道德高尚的君子来治理，以道义为处置政事的根本，方能行稳致远，天下太平。

　　义利问题是中外古今道德论中的一个重要命题。如何处理义利的关系，对伦理、风尚乃至经济、政治都具有十分重要的影响。"君子喻于义，小人喻于利"，义与利的取舍向来不仅是衡量君子与小人的分水岭、试金石，也是家国天下是否得到民众爱戴拥护和长治久安的根本法则。所谓利，就是财富、利益等；所谓义者，"宜"也，就是得宜的正当道义。儒家创始人孔子认为，百姓和国家对符合道义的利益的取得是正当的，是要予以肯定的，因为实际的财富功利有助于激发人民的能动性和创造性，推动社会发展和进步。但是另一方面，社会应当先义后利，以义制利。符合道义的财富利益，取之无妨，这叫作"义然后取"；不符合道义的财富利益，应当予以坚决摒弃，正所谓"不义而富且贵，于我如浮云"。中国自古以来反对的是那种来路不正当的利益，反对的是与民争利和不合乎道义的利。正所谓"见利思义"。上位者应该仁义爱民让利于民。君子宁可牺牲自己的财富，也不忍心去劳民伤财或与民争利。《论语》曾记载孔子的言行"富而可求也，虽执鞭之士，吾亦为之。如不可求，从吾所好"。意思是说如果取得财富的途径正当，即使是一个车夫这样的苦差事，他也会去做。但如果财富的得到途径不正当，是歪门邪道、坑蒙拐骗得来的，那么君子宁肯坚守清贫，去做自己喜欢的合乎正义的事情。君子戒除骄奢淫逸，远离聚敛财富的小人，不与民争利，那么上行下效，百姓自然也会见利思义，以义为利。如此一来，举国上下树立了正确的义利观，则人心和谐，社会稳定。藏富于民，不与民争利，是儒家民本思想的体现。

正确的义利观不仅适用于人与人之间，国与国、地区与地区之间也同样适用。如果国与国之间、地区与地区之间一味以利为上、重利轻义，那么就会引起相互攻击、侵略厮杀、尔虞我诈、强国凌弱、弱者对抗，全球将会战争冲突不断，局势动荡不安，烽烟四起，全人类都为之遭难。习近平总书记曾指出："在国际关系中践行正确义利观。'国不以利为利，以义为利也。'在国际合作中，我们要注重利，更要注重义。中华民族历来主张'君子义以为质'，强调'不义而富且贵，于我如浮云'。"习近平总书记明确提出了国际关系中"以义为利""见利思义"的相处准则。中华民族具有大国担当，不仅积极践行和发扬光大以义为利的义利观，还致力于在全球推行，以期各国的认同和遵循。

四 《大学》的价值及后世影响

朱熹在《大学章句》开篇中说，"大学者，大人之学也"，表达了《大学》是童蒙教育之后的读书人学习研读的书籍。其实在古代，《大学》并没有局限在十五岁以上的"大人"所学，相反，它是绝大多数人的童蒙读物。《大学》虽然篇幅不长，但却完整阐述了大学教育的目的和为学做人的目标，把社会政治实现的本质看作是主体道德实践的过程，宣扬了儒家的道德教化和政治理想。儒家阐释的"内圣外王"的根本方法是通过"八条目"来实现的。"内圣"意即"内求于己"，也就是"八条目"所说的"格物、致知、诚意、正心、修身"；"外王"表示"外用于世"，指的是"八条目"中的"齐家、治国、平天下"。亚圣孟子说"穷则独善其身，达则兼善天下"，表达了审时度势、"内圣外王"的精义所在。

虽然年幼童子还不能完全领会大学之道蕴含的道德和政治道理，但"《大学》者，以其记博学，可以为政也"。童子通过熟读成诵，完成广记博闻和修身社会化的初始阶段，待年龄渐长、读书增多、阅历丰富，就可以逐渐领会、践行、提升"格物""致知""诚意""正心"的修身之要，进而"修齐治平"。因此，《大学》一书通过"明明德"存心养性，把天生的"明德"发扬光大，奠基了读书人的道德基础和修养，为实现修身的目的打下内在基础。通过"亲民"，培养了读书人的治国安邦抱负，做好"外王"的功夫。明德、亲民体现了儒家德治与仁政的主张和原则。以"好学近乎知；力行近乎仁；知耻近乎勇"的修炼去接近和达到"止于至善"的终极目标。

《大学》阐发的道德教育目标和实施路径，以修身为核心内容，将"修身立己"与"修齐治平"有机结合起来。"格物""致知""诚意""正心"是"修身"的基础和前提，"齐家""治国""平天下"是"修身"的功效和旨归。做好了"内求于己"的道德实践，"外用于世"的社会政治抱负才有实现的可能。如果脱离自身的道德修养而盲目追求功利，那就是舍本逐末，是不可能实现"齐家""治国""平天下"的目标的。

《大学》是中国教育思想发展史上的一部重要著作，以个人的道德理想和社会的政治抱负为旨归。它对中国先秦儒家德治教化思想进行了纲领性论述和总结，文章阐发的教化德治思想在中国政治哲学中产生了深远影响。孙中山在《三民主义·民族主义》写道："中国有一段最有系统的政治哲学，在外国的大政治家还没有见到，还没有说到那样清楚的，就是《大学》中所说的'格物、致知、诚意、正心、修身、齐家、治国、平天下'那一段的话。把一个人从内发扬到外，由一个人的内部做起，推到平天下止。像这样精微开展的理论，无论外国什么政治哲学家都没有见到，都没有说出，这就是我们政治哲学的知识中独有的宝贝，是应该要保存的。"直到今天，《大学》之"大学之道"仍对我们的人文素质教育有着重要的指导意义。它深深影响着国人的安身立命、处世治学，对中国人的精神气质和国家品格产生了深远的影响。

总之，《大学》一书强调的内圣外王等以道德修养为根本，以"穷则独善其身，达则兼济天下"为个人理想和政治抱负等，不仅阐述了修养自身道德的理念和原则，也提供了处理人与人之间关系、人与社会问题的处世之道，至今仍具有全人类共同价值。因为"即使在现代社会，《大学》也一直提供着修学过程的范例。从自身修养开始，进展到家庭、国家及世界这个更大的活动圈"。这些都是至今激励21世纪经济和社会发展的重要因素。国学大师章太炎曾说："顾于现代政治，句句如对症之药，以此知《大学》一书，成哉其不可及也！"

思考题：

1. 你理解的大学之道是怎样的？
2. 联系自己的学习生活实际，谈谈你从《大学》中体验到了怎样的修身之道？

参考资料：

[1] 朱熹. 四书章句集注 [M]. 北京：中华书局，2011.

[2] 梁海明.《大学·中庸》译注 [M]. 太原：山西古籍出版社，2001.

[3] 曾仕强，曾仕良. 大学之道 [M]. 西安：陕西师范大学出版总社，2012.

[4] 中山大学历史系孙中山研究室，广东省社会科学院历史研究所，中国社会科学院近代史研究所中华民国史研究室. 孙中山全集 [M]. 北京：中华书局，1985.

读书感悟：

_____

_____

_____

_____

_____

力利世界中的逆行者

《孟子》导读

◎ 崔玉奕

导言

初识孟子,是从课本里的"大丈夫"和"浩然之气"开始的,那时只知死记硬背的我并没有对这些鲜活的思想有什么特别的感觉,只是一个大家都说好自然也就跟着说好的"随大流者"。再读孟子,是准备考博的那段紧张又难忘的苦学时期,已结婚未生子的我有了初步的人生体验,对孟子的思想也开始有了深入的体会,有一种猛然发现原来他说的是这么回事的感觉。直到今天,在写这篇导读前,我又仔细重温了书中的每一篇章,试图用自己并不十分丰富的人生阅历来感受和体会那个时代,那个活着的孟子,把这些感受全部串在一起时,我发现我又有了不同的体会,我对孟子的敬佩与尊崇又加深了。我想,要读懂一个人的思想,自己本身也要有一定的生活阅历与生命体验。然而更重要的是,孟子的思想就像是一眼泉水,取过之后居然还有,读过之后又有新解,让人永远在探求的路上。我想这就是孟子的思想虽历经千年而依然充满取之不尽魅力的原因所在吧!所以,各位读者朋友，请带着您的阅历与体验来感受孟子的魅力吧。

孟子及作品介绍

孟子（约公元前372—前289年），名轲，字子舆，邹国（今山东邹城东南）人。战国时期哲学家、思想家、政治家、教育家，儒家学派的代表人物之一，与孔子并称"孔孟"。

孟子宣扬"仁政"，最早提出"民贵君轻"的思想，被韩愈列为先秦儒家继承孔子"道统"的人物，元朝追封为"亚圣"。

《孟子》是记录孟子言行的著作，共7篇，一般认为是由孟子及其弟子万章、公孙丑等人共同编著的，属先秦语录体散文集。

以上信息来源于网络资料，可以说是众所周知且引用较高的历史资料。我们今天重温孟子的思想，一个很重要的原因就是想让读者朋友体会孟子在他所生活的那个时代是如何成为一个逆行者的，尤其恰逢百年未有之大变局，时代需要逆行者，因为正是这些逆行者的存在，才让时代有了更新更好的发展和引领；正是这些逆行者的存在，才让时代拥有温暖和前行的力量去感染每一个生命；也正是这些逆行者的存在，才让时代在历经苦难与挫折、困顿与彷徨后焕发诱人的光彩！

作品内容及结构介绍

本篇《〈孟子〉导读》主要分为五大部分：

第一部分，成功男人背后的母亲。讲述孟子的成长环境以及他的母亲对他思想的影响。

第二部分，力利世界中的逆行者。此部分是重点，也是孟子思想的重要部分,主要讲述孟子在当时以武力与利益为主要生存方式和游戏规则的环境下,如何反其道而行之,坚定不移地推行仁政的可贵思想。

第三部分,看清人性依然向善的亚圣。此部分重点对孟子的人性观进行详细阐述,并从比较的视角分析孟子人性善的社会意义与内在价值。

第四部分,浩然正气走天下。此部分重点阐述孟子从自我修身的角度来分析如何不断提升自己,从而成为一个有责任、有担当的正人君子,在纷繁的社会中找到自己的位置。

第五部分,学习方法及参考资料。通过介绍一些学习方法和参考资料,希望能够使读者加深对孟子及其思想的认识与理解,从中汲取生活的智慧与力量。

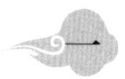

一 成功男人背后的母亲

我们常说,每一个成功男人的背后,都站着一位了不起的女人。同样,在亚圣孟子的身后,也有这样一位了不起的女性,只不过这位女性不是别人,而正是他的母亲。史书上记载的有关孟子的故事有不少都是直接与他的母亲相关的,如"孟子去妻"(大意是孟子因为偶尔看到妻子坐姿不雅想要休妻,被孟母劝解放弃此念的故事)、"子不学,断机杼"(《三字经》里的著名典故)、"买肉啖子"(大意与"曾子杀彘"无异,都是讲言而有信的道理),然而更让世人所熟知的故事无疑是"孟母三迁"了。诚如英国的一位诗人乔治·赫伯特所言,一位好母亲抵得上一百个教师。母亲在家庭中扮演着极为重要的角色,此言不差!

可以说，一个家庭甚至一个家族的发展与和谐，女主人在其中所起的作用一定是不容忽视的。即便在今天女性由于外出工作而大大减少了与孩子的相处时间的情况下，依然如此。女性在古代相夫教子的长久不变的角色在今天已经渐渐被保姆、阿姨、爷奶等其他角色取代，很大程度上减少了与孩子相处的时间，也就降低了对孩子的影响，但我们仍然无法否认，女性从怀孕伊始到生育、哺育、养育的过程中与孩子在一起度过的那些其他人无法替代的时光中，她的所思所想、所说所做都在潜移默化地影响着自己的孩子，在孩子性格形成的早期，起着极为重要的引导作用。

既然母亲的角色如此重要，那么孟子的母亲是一个什么样的人呢？为什么她在孟子的成长过程中会有如此重要的作用呢？

在讨论这个问题之前，有必要先说明一下孟子丧父这件事，我们所熟知的说法多是孟子幼年丧父、早年丧父、三岁丧父等表述，台湾大学教授傅佩荣先生依据《孟子·梁惠王下》里边一个叫臧仓的小人为了阻止鲁平公去见孟子所说的"后丧逾前丧"，注释为孟子给母亲办的丧礼超过了以前给父亲办的丧礼，如果孟子很小的时候丧父又怎么可能给父亲办丧礼呢？由此认为孟子是在成年后丧父的。对此，我的观点是，如果孟子是在成年后丧父，为何会有早年丧父这一说法流传至今呢？而且，依据"后丧逾前丧"这句话也不能断定孟子是成年后丧父，因为孟子父亲死时若年纪不大由其母亲全权处理，孟子自然也会参与其中，而在这个小人臧仓看来，他的目的是想要阻止鲁平公去见孟子，怕对自己的利益有损，那么自然也会想尽办法甚至歪曲事实也不是没有可能的，小人最擅长颠倒黑白了，最厉害的不就是靠一张嘴吗？所以，我想，臧仓的话似乎不具有可信度，因此，本文采用孟子幼年丧父这一说法。退一步来讲，即便孟子父亲死时孟子可能不是很小，但流传下来的故事全都是孟子的母亲在其中发挥作用，丝毫没有写到关于父亲的影响。至少，不管哪种说法，孟子母亲对孟子思想是有影响的，这是毋庸置疑的。

（一）单亲家庭的成长环境

赵岐在《孟子题辞》中提到"孟子生有淑质，夙丧其父，幼被慈母三迁之教"。也就是说，孟子的幼年与孔子一样，都是在母亲的悉心教育下成长的。用我们今天的话来说，孟子是典型的单亲家庭里成长的孩子，从孟子的母亲多次搬家的故事中我们可以大致了解到，幼年的孟子生活是带着流浪和漂泊的印迹的。曾记得前段时间看过的一个相亲节目，因为男方是单亲家庭，所以场上女嘉宾的父母都不愿意与单亲家庭的孩子结姻，理由也简单，怕男孩子是妈宝男，或者性格上会有缺陷，或者担心男方的母亲有很强的控制欲，不愿与另一个女人分享自己的儿子而导致婆媳关系难处，等等。不管是偏见也好，是歧视也罢，我们不难想象，在单亲家庭中成长起来的孩子在他幼年时可能遭遇的来自他人的讥笑嘲讽以及成年后组建家庭时所遇到的种种阻力都是非常之大的，这一点古今同一，所以我们就更加佩服孟子的母亲，在如此艰难的环境中，不仅要给孟子提供尽可能好的物质条件，还要费心选择有利于孟子性格养成的成长环境，让孟子的身体和心灵共同成长，实在是不易！

（二）成长环境真的那么重要吗？——真的很重要！

近朱者赤，近墨者黑。一个人在什么样的环境中成长，往往会受到影响并形成相应的性格。比如在贫民窟里长大的孩子与在书香门第中成长的孩子恐怕在学识、见识、思维方式、行为方式等很多方面都会不同，这也是孟子的母亲为什么一定要坚持居住之所从近于墓、近于市、近于屠到最后搬到学宫之旁的原因所在。真是可怜天下父母心啊！

然而或许有人会说，难道成长环境真的那么重要吗？不也是有那些虽然身处逆境、恶境却依然灿烂成长的人吗？对的，没错，曾记得看过一篇文章，叫《罪犯与法官》，大意是讲，同样从小生活在贫民窟环境中的两个人，长大后，一个成了罪犯，一个成了法官。尤其是当罪犯被法官判处死刑时，他没想到他的那种因为成长环境恶劣所以才会误入歧途的辩解式的冤屈与愤怒，换来的只是法官的一句异常平静的回答：我也是在贫民窟里长大的。

也许，这是回应环境影响人甚至决定人的绝好反证。而且，对我而言，我也完全相信在恶劣的环境中依然能成长出美好的人格来，但是请大家不要忽略一个重要因素，那就是概率。所谓概率，就是指一件事发生的普遍性与偶发性的比例。以环境影响人为例，如果环境对人的影响概率较高，也就是普遍性比较高，那就说明同等条件下，大多数人会受到环境的影响，即恶劣的环境带来邪恶的人格，良好的环境带来善良的人格；若概率较低，则说明恶劣的环境更多地带来的是善良的人格。然而通过常识判断，我们发现多数人还是极易受到环境的影响和引导的，即上述所说的"近朱者赤，近墨者黑"的现象。

从普遍意义上讲（并不排除个别情况），环境对于人的影响的确是很重要的，而对于年幼的没有什么自制力的孩子来说，更是如此。一个天天沉迷于游戏的孩子，任其成长肯定是不利的。正因如此，孟子的母亲才会不厌其烦地一次次搬家，忍受着颠沛流离的不稳定与不断适应陌生环境的巨大挑战，就是为孟子提供一个良好的成长环境。因此，孟母的智慧就在于此，她看到了环境对人尤其对孩子的影响，于是积极选择合适的环境，甚至创造良好的环境，来培养孟子善良而坚定的人格。所以，母亲除了称职之外，拥有智慧非常重要——有时管束，常常安慰，总是引导。

古今中外，很多伟大的人物背后都有一位智慧的母亲，试举一二，毛泽东的母亲善良质朴，常损己利人，有着超越市井的见识与智慧，这可以从他写的《祭母文》中窥见一斑；费孝通的母亲在一家九口的用钱问题上，始终优先并高居在上的便是子女的教育费用；第一个踏上月球的宇航员阿姆斯特朗在六岁时说出自己想要到月球上去的稚嫩话语时，智慧的母亲没有嘲笑、不屑或者打击，而是温柔地说了句"从月球回来，别忘了回家吃饭"，由此孩子的梦想得以生根并最终实现；了不起的发明家爱迪生因为好问被认定为调皮捣蛋的学生而被迫辍学，是母亲的不离不弃与鼓励引导让他得以在自己的世界里自由驰骋，最终成为了对世界发展作出巨大贡献的发明家。

我们发现，这些伟大母亲的教育方式也许是各不相同的，但背后都有一些共通的东西，那就是智慧。如果用"智慧"这个词显得过于抽象，那么我想借用长眠在纽约东北部的撒拉纳克湖畔的特鲁多医生墓志铭上的一句话，"To Cure Sometimes, To Relieve Often, To Comfort Always."达到信达雅标准的中文便是：有时治愈，常常帮助，总是安慰。这句话成为医学界对待病人的基本原则而广泛流传。如果用在母亲身上，我想这种智慧应该是"有时管束，常常安慰，总是引导"。

教育孩子要有一定的管束与制约，但笔者认为应以"拇指教育"（赞美鼓励）为主，孩子成长过程中遇到的很多问题，作为母亲恐怕不是全部都能解决的，因此常常给孩子安慰与关怀让孩子有安全感并与父母建立信任和良好的沟通就非常必要，而贯穿整个教育过程的就是父母的引导，不是简单粗暴地给出一个答案。让孩子进行非此即彼的选择只会激起孩子的逆反心理与对抗姿态，而应给孩子一定的自由空间与选择空间,在孩子可能偏离正轨的时候给出善意的提醒或警告。这样即便孩子最终没有听从父母的警告而作出错误的选择,他们也会从这些亲身体验的难得的失败教训中学到有价值的成长经验,总好过激起孩子的逆反而恶化原本紧张的亲子关系。

之所以用了不少笔墨来讲述孟子的母亲以及母亲的重要性,只是希望正在看这段文字的您,无关性别,能够认识到母亲的重要角色,尊重女性的地位和价值,如有可能,做一个比之前更好的母亲。

 二 力利世界中的逆行者

何谓力利世界?顾名思义,指的是以武力和利益为主要生存方式的世界。法家代表人物韩非子在《五蠹》中将从古至今分为三个大的历史阶段:上古竞于道德,中世逐于智谋,当今争于气力。意思是说,上古时期的人们,依靠道德美德来征服他人治理天下,如典型的尧舜禹时期,通过禅让制把王位让给有德之人。那时的人们自身的道德自觉性是比较高的,可以说是德化天下的典范。

然而随着生产力的进一步发展,中古时期的人们,已经学会用智谋来获取更多的资源和利益,比如著名的墨子救宋的故事就是靠智谋而达到不战而屈人之兵的。人们遵守道德的自觉性逐渐被逐利的人性所取代而退居其次,但还没有到达撕破脸的程度,至少表面上还要穿着一层薄薄的道德外衣来制造看似道德的表象。这一点从武王伐纣后实行分封制的周朝在早期处理与各个诸侯国之间的关系时可以看出,基本上还能认可并维持着周王室的权威与地位。

然而到了韩非子(约公元前 280—前 233 年)所生活的时代,诸侯国互相吞杀、七雄并出、战乱频仍,最终被秦一统天下。那个时

代，道德与智谋已经退居到了幕后，走到台前的是赤裸裸的武力与亮闪闪的利益，为了王权弑兄弑父的有之，为了利益尔虞我诈的有之，甚至"父母之于子也，产男则相贺，产女则杀之。"可以说，这已经到了一切以"利"为出发点和落脚点的时代，也难怪韩非子会得出人性好利的结论，这都是因他所处的时代、所看到的现象而一步步推导出来的。无独有偶，意大利的一位政治家马基雅维利（1469—1527）也把人性看作是邪恶的、趋利的，为达目的可以不择手段。虽然跨越了时空，可有些东西却是惊人的相似。

不过，单靠一个软弱的"利"字，怎么能够征服天下统御海内呢？必须有强大的"力"（武力）作后盾，只有这"力"与"利"结合在一起，才能支撑起弄权者的野心和欲望，诱引着他们用明抢暗夺、你死我活的方式来维持自己的生存空间与社会地位。可以说，"力"是手段，是保障；"利"是核心，是关键。这二者一旦结合，人性中的邪恶也就被激发出来了。

那么，从时间线上来看，孟子所生活的时代，也恰好处在韩非子出生之前的那个阶段。要知道，"争于气力"的时代不是一蹴而就的，也许到了韩非子的时代情况更加严重。但不可否认的是，孟子所生活的时代已经是一个"处处曰利"的阶段了。

（一）何必曰利？仁义而已矣

这是孟子在与梁惠王对话时的一句千古名句，原文不长，摘录如下：

> 孟子见梁惠王。王曰："叟！不远千里而来，亦将有以利吾国乎？"
>
> 孟子对曰："王！何必曰利？亦有仁义而已矣。王曰：'何以

利吾国？'大夫曰：'何以利吾家？'士庶人曰：'何以利吾身？'上下交征利而国危矣。万乘之国，弑其君者，必千乘之家；千乘之国，弑其君者，必百乘之家。万取千焉，千取百焉，不为不多矣。苟为后义而先利，不夺不餍。未有仁而遗其亲者也，未有义而后其君者也。王亦曰仁义而已矣，何必曰利？"

实际上，在这次对话之前，孟子已经游历了很多国家，第一次到齐国时，齐威王主政，孟子的仁政主张并不受青睐，因为各国的君王只关心切切实实的利益，对柔弱而短期难见成效的仁政主张不屑一顾，于是孟子只好离开齐国，后来去了宋国、母国邹国、滕国，都没有什么大的发展。接着他便来到了魏国，而他见到魏惠王时，魏惠王问的第一句话就是"有以利吾国乎？"

这里稍微解释一下，魏国为什么也叫梁国的原因，魏惠王魏罃即位之后，做了一件大事，就是把都城从安邑迁到大梁，魏国于是也叫梁国，魏惠王也就是梁惠王。

所以不难想象，孟子所处的时代与环境是以处处曰利为主要特点的。那么有趣的问题来了，既然大多数人都默认或配合着这个力利的世界，而孟子为什么偏偏要反其道而行之呢？用我们现在的话语来说，孟子为什么非要做一个逆行者呢？作秀吗？沽名吗？也许这是今天有些人所不能理解的。

（二）圣贤之心

孟子这位逆行者，在看到这个力利世界的种种不堪和混乱后，没有同流合污，没有愤世嫉俗，而是淡定而坚定地选择用善意、用仁爱去应对这个世界，给出自己内心最真实的答案去解开世间的乱象。这

份坚定,主要源于以下几个方面:

1. 对至圣孔子的认同与崇拜

孔子所创立的儒家学派,其核心思想就是仁。它贯穿儒家思想的始终,是儒家的根基,也是中华文化得以延续的命脉所在。孟子坚信这一点,所以其思想里才有"仁者无敌"的那份自信与豪迈,才有"何必曰利"的那份底气与傲骨。因为认同孔子的思想,即便内心满是"予未得为孔子徒也"的深深遗憾,却也因"予私淑诸人也",即"受业子思之门人"而稍感宽慰。可见,孟子对孔子尊崇备至,更多次提到"乃所愿,则学孔子也""自生民以来,未有盛于孔子也"。用我们今天的话来说,绝对是孔子的"死忠粉"啊!

2. 母亲的言传身教

前面已经提到孟母对孟子的关键影响,这里不再赘述。只是还想强调的是,孩子是父母的一面镜子,孩子身上出现的问题往往都能从父母身上找到源头,有句话说得好,没有教育不了的孩子,只有不会教育的父母。可见,父母身上的责任重大,古语云"子不教,父之过",父亲和母亲都是不能缺失的家庭角色。尤其在今天,父母双方因为工作等原因陪伴孩子的时间本来就少,平时更要注意除了金钱上的投入,更要有精神层面的引导,降低问题少年的发生概率。

3. 拥有一颗圣贤之心

朱熹在《孟子集注》里提到,程子曰:"君子未尝不欲利,但专以利为心则有害。惟仁义则不求利而未尝不利也。当是之时,天下之人惟利是求,而不复知有仁义。故孟子言仁义而不言利,所以拔本塞源而救其弊,此圣贤之心也。"

司马迁说:"余读孟子书,至梁惠王问'何以利吾国',未尝不废书而叹也。曰:嗟乎,利诚乱之始也!夫子罕言利者,常防其原也。故曰'放於利而行,多怨'。自天子至於庶人,好利之弊何以异哉!"

能够让太史公废书而叹,让程朱感佩其拔本塞源之功,没有别的原因,就是在当时力利大行其道的大环境下,孟子依然选择用善良仁爱去纠正愈下的世风和不古的人心,这是需要莫大的勇气的,而这种勇气的来源,归根结底还是孟子身上的那份圣贤之心。

大凡非常人物都会有异于常人的思维或行为,因为一般的人物因为大众化的思维与行为只能成为大众了。德国著名哲学家康德曾写过《永久和平论》,期盼世界永久和平,还有一句刻在他的墓碑上的流传更广的一句话:有两种东西,我们越是时常反复地思索,它们就越是在心中灌注了时时翻新、有加无已的赞叹和敬畏——头顶的星空和心中的道德法则。康德把世界装进了心中,所以我们记住了康德。我们试想,一个整天为了生计而忙于奔波的人哪里会有时间思考道德、思考整个世界,他只会在蝇营狗苟中被凡尘俗务纠缠不清,所以,能够拥有宽广的胸怀,把天下装进自己的心中,这份社会责任感绝不是人人都有的,更不是人人都会践行的。更何况孟子当时所处的环境可以说是靠个人微弱的力量来对抗力利横行的整个社会,这份担当何其可贵啊!

所以,我们不要小看这份圣贤之心,没有它的滋养,责任感、使命感都无从产生,这是一种大的格局,这更是一种济世的悲悯,是成就孟子的伟大的根基。

当然,我们这里提到仁时何必曰利的态度,并不意味着仁与利是排斥的、对立的,相反,二者是相辅相成的。

(1)仁自有利

也就是说,当你只需要负责去推行仁爱思想时,你的所作所为自然会为你带来利，而且这种利是心甘情愿的、不会被夺走的，但是，如果为了追求利而刻意表现仁，那么即便得到利也是不长久的，所以，不带功利地去行仁，利才会随之而来。正如"你若盛开，蝴蝶自来"一样，你只管善良，老天自有衡量！

（2）仁者无敌

或许孟子认为"仁而已矣"这个表述还不足以表达仁的魅力与力量，所以在他后来与梁惠王多次的谈话中，提出"仁者无敌"这一彰显强大力量的表述。当时梁惠王以自己的国家不够强大为耻，孟子则是这样回答的："王如施仁政于民，省刑罚，薄税敛，深耕易耨，壮者以暇日修其孝悌忠信，入以事其父兄，出以事其长上，可使制梃以挞秦楚之坚甲利兵矣。……故曰：'仁者无敌。'王请勿疑！"

此外，还是与梁惠王的对话中，孟子还提出养民的具体举措："不违农时，谷不可胜食也；数罟不入洿池，鱼鳖不可胜食也；斧斤以时入山林，材木不可胜用也。谷与鱼鳖不可胜食，材木不可胜用，是使民养生丧死无憾也。养生丧死无憾，王道之始也。"

可惜，这些在孟子看来的金玉之言在一心想要攻城略地的梁惠王的眼里只是一些空泛的大道理。不久梁惠王的死以及其子梁襄王的上位，政局的变动再加上孟子对梁襄王"望之不似人君"的不良印象，离开魏国是必然的了。于是孟子第二次来到了齐国。

此时的齐国，齐宣王在位。对，就是那个喜欢听团体演奏吹竽以至于让根本不会吹竽的南郭先生混进来而浑然不知的齐宣王，也是那个娶了中国古代四大丑女之一的钟无艳（虽丑有才）为妻的齐宣王。这里之所以要稍微介绍一下齐宣王，是因为孟子与齐宣王的几场对话还是很有意味的。

第一场对话，是关于"囿"的问题。所谓"囿"，就是畜养牲畜供王者狩猎玩乐的场所。齐宣王一上来就很不满地问道，周文王的囿真的有七十里那么大吗？得到肯定回答后，更加不满，接着抱怨道，我的囿只有四十里，怎么老百姓还嫌我的大？孟子给出的解释是：大王的囿设禁设卡不与民享，杀其麋鹿者如杀人之罪，老百姓当然嫌大了；而文王的囿与民共享共用，老百姓还嫌小呢！我自己脑补了一下画面，齐宣王听到这些话后，内心独白一定是"我竟无言以对"。是不是把老百姓放在心上，真正爱民如己，通过囿这件事就略知一二了。

接下来的几场对话，是关于齐宣王自曝的各种"疾"的：寡人有疾，寡人好勇；寡人有疾，寡人好货；寡人有疾，寡人好色。背景就是前面孟子你说得都对，但是我有如下这些毛病啊，好勇、好货、好色，而且很难改啊，其实这是对孟子仁政主张不感冒但不好直接拒绝而给自己找的托词。孟子并非不知，只是箭在弦上，知其不可仍试为之罢了，他认为只要齐王心存仁念，把这些特点都用在正途上，那这些毛病就都不是毛病了，反而还会有助于国家的治理呢。齐王又是一个无话可说。

还有一场对话，让一句话成为了千古名句，那就是"王顾左右而言他"。孟子循循善诱地连问了两个问题：如果一个人外出把家中妻儿交给朋友照看，回来时妻儿却挨饿受冻，这样的人怎么处理？王说"弃之"，就是跟他绝交；如果王手下的官员不能很好管理他的下属，该怎么办？王说"已之"，即停他的职。紧接着第三个问题来了，那么如果一个国家治理得不好，该怎么办呢？王于是就作出了"顾左右而言他"的专属动作而流传于世。

让孟子对恨铁不成钢的齐宣王感到不满的还有一件事。当时燕国内乱，燕王想把自己的王位让给宰相，有继承权的儿子当然不干了，于是你争我夺，燕国内部乱作一团。齐王觉得这是个机会，趁乱可以得点好处，并且在派兵攻燕这件事上还征询过孟子的意见。孟子回答得很干脆：燕国百姓若欢迎，你就派兵攻占；燕国百姓不欢迎，你就不要派兵。齐王还是派兵攻打了燕国，并且打赢了，只是引起其他诸侯和燕国百姓的不满。诸侯的不满源于他们也想分杯羹，百姓的不满则是因为齐王的军队烧杀抢掠，一点都没有善待当地百姓。所以后来齐王羞于再见孟子。当时的齐国大夫陈贾主动请缨，自以为成竹在胸，可以化解齐王对孟子的尴尬，没想到引来孟子的一番有礼有力有据的精彩之言："古之君子，过则改之。今之君子，过则顺之。古之君子，其过也，如日月之食，民皆见之，及其更也，民皆仰之。今之君子，岂徒顺之，又从为之辞。"

换句话说，以前的君子是知过能改的，可是现在的人不但不改，还要想方设法粉饰自己的过错，唉！

其实孟子本来对齐宣王是抱有期望的，希望能够得到齐王的重用，这也是他为什么在离开齐国前特意停留了三晚，就是希望齐王能回心转意，重用自己，可惜在这个力利成为主要生存方式的环境下，他的愿望再次落空。后来他又去了宋国、鲁国，依然是同样的局面，最后他回到邹国，不再出游，开始讲学著书了。

在孟子看来，存仁心，施仁政，是施政者的根本，把这个根本做好了，国家自然也就会安稳长久。所以一切的根本都在仁上。但是孟子实际上也清楚，仁政实际上并不难得到推广，而之所以不见容于当世，最根本的原因是那些当政者们根本就不愿意推行。也就是说，不是能力的问题，而是态度的问题；不是能不能，而是想不想。下文便是最好的例证：

"今恩足以及禽兽，而功不至于百姓者，独何与？然则一羽之不举，为不用力焉；舆薪之不见，为不用明焉；百姓之不见保，为不用恩焉。故王之不王，不为也，非不能也。"

顺带附几则孟子关于仁的原文解读，我们可以些微感受一下孟子对仁心仁念的那份赤诚与坚定。

"三代之得天下也以仁，其失天下也以不仁。国之所以废兴存亡者亦然。天子不仁，不保四海；诸侯不仁，不保社稷；卿大夫不仁，不保宗庙；士庶人不仁，不保四体。今恶死亡而乐不仁，是犹恶醉而强酒。"

"鸡鸣而起，孳孳为善者，舜之徒也；鸡鸣而起，孳孳为利者，跖之徒也。欲知舜与跖之分，无他，利与善之间也。"

"不仁而得国者，有之矣；不仁而得天下，未之有也。"

"居下位，不以贤事不肖者，伯夷也；五就汤，五就桀者，伊尹也；不恶污君，不辞小官者，柳下惠也。三子者不同道，其趋一也。一者何也？曰：仁也。君子亦仁而已矣，何必同？"

孟子真的是时时事事都在秉承着仁的理念和原则，可以说三句不离仁字，绝对是一位身体力行、表里如一的典范了。虽然孟子的仁政思想在当时没有得到足够的重视，但这丝毫不妨碍孟子人格的伟大与思想的坚定。一如孔子被困在陈蔡时向他的三个得意门生子路、子贡、颜回所问的同样的问题："我不是犀牛不是老虎，可我怎么会落到今天这步无家可归的田地？"最符合孔子内心的便是颜回的回答，简单而坚定："夫子之道至大，故天下莫能容，不容何病？不容然后见君子！"真的很欣赏这句话，孟子不也是一样吗！自己的思想不为这个世界所容，又怎样呢？正是因为不想随波逐流同流合污所以才会不容啊，这恰恰是考验君子的绝好机会啊！

三 看清人性依然向善的亚圣

（一）人性本善

孟子是鲜明主张人性善的一位思想家，其实，历史上对于人性善恶这一话题的讨论从未停歇。

孔子虽未明确提出人性的善恶之分，但其有教无类的、依托"性相近，习相远"的教学方式以及劝人向善、克己复礼的思维根源，已经是对人性之善作了很好的注脚了。

荀子是明确提出人性恶的一位思想家，认为人性是恶的，是后天的教化才让邪恶的本性慢慢导向善。

告子作为孟子的学生，认为人性无所谓善的和恶的，就像水可以往东流也可以往西流一样，所以有的人善，有的人恶。

韩非子提出人性好利，他没有用善或恶这个非此即彼的表述来看待人性，认为人性的根本在利字上。只要有利，善也会变恶。

当代台湾大学教授傅佩荣先生把宋儒提出的"人性本善"换成了"人性向善"这一提法，认为《孟子》书中所说的善指向的都是行为，一个人的行为怎么会天生就善呢？他认为用"人性向善"更为合适，一个人可以为恶，可以为善，在成长的过程中要向善，这样的指向性也更明确。而且另一位当代大家易中天先生也认为孟子所说的人性善不是人性本善，而是人性向善。

严格来说，《孟子》全文中并没有明确提出"人性本善"或者"人性向善"的表述，这几种表述都只是后人对孟子思想的一种解读而已。也没有什么对错之分，不过从个人角度来说，我更偏向于"人性本善"这一提法，因为这一提法更有普遍性，所含纳的范围和幅度更广，更具有积极的社会引领作用，同时，也更接近于"人性之善也，犹水之就下也。人无有不善，水无有不下"这一思想所表达的要义。

其实，综合上述几位大家的观点，我们不难发现一个有趣的现象：他们各自的观点可以说都是有一定道理的，都是能够自圆其说的，在现实世界里也是可以站得住脚的，但是他们描述的都是事实的一部分，或者真理的一部分，并不是全部。如果坚持人性善，那么那些人性邪恶且本性不改的人就没法解释其行为；如果坚持人性恶，那么那些从心底里心甘情愿默默奉献的人也没法解释其中的缘由；如果人性无善恶，那岂不是对善良与邪恶的漠视与随意，进而对社会没有什么意义？

我想，孟子之所以被世人奉为"亚圣"，最重要的原因除了他一生致力宣扬和传承的仁政思想，就是他的人性观了。为什么这么说呢？基于两点理由：

一是对人性美好的自然期待。我们可以想象，一个人会有什么样的思想与他在成长过程中所遇到的人和事有着非常密切的关联，也就是说他个人的成长经历在很大程度上参与了他思想的创造与生成。孟子对孔子的崇拜以及孟母的悉心引导，让孟子很自然地坚信人性是美好的、善良的。即便在生活中会遇到或看到与这种美好期待不和谐的画面，孟子也会把它归结于没有受到很好的教化以至于让错误的思想蒙蔽了原本善良的内心。这种对人性的美好期待实际上也是对人类的期待，它给人类延续下去的理由和希望，让处在艰难环境中的人们因为相信这一点而彼此相扶战胜困难。更让快要绝望的人们因为坚信人性的美好而催发出强大的力量。所以，秉持人性本善，实际上也是在告诉人们：这个世界不是没有邪恶，而是虽然有邪恶，但我依然选择善良。

二是对社会的正向积极引导。一种思想存在的价值就是要对他人对社会产生影响，或许是好的影响，或许是坏的影响，也或许是好坏参半。所以，非常重要的一点就是，当我们想要提出一种思想时，在让它公之于众之前，一定要考虑这种思想可能带来的社会后果。如果这种思想放到社会上去流行时，它在更多的时候是起着正向的、积极的价值引领的作用，那么这种思想就是非常有意义的。反之，如果这种思想放到社会上激起的是对社会风气的败坏，引发的是别有居心的人的不良行为（因为这种思想给了他们这样做的理由和借口，当然，绝大多数情况下这种情况的发生绝不是创造或提出这种思想的人的主观故意，然而现实生活中又的确带来了这样的后果），那么我们就要小心谨慎，在传播这种思想的同时，还应该给出相应的条件或警示，尽最大努力来消解它的不良社会影响。

思想家的责任不仅是产生思想，还有正向引领。产生思想是思想家的社会价值体现，但让这些思想能够对社会、对未来产生积极的正向的价值观上的引领，则是思想家的责任。所以，从这个角度出发，我们会发现，人性恶也好，其他人性假设也罢，他们的思想都只是做到了第一步，即产生思想，但是他们忽略了第二步，即正向引领。孟子恰恰看到了这一点，他当然知道人性中的邪恶部分，他一定也能理解荀子的人性恶思想，但是唯有人性善才能更好地推动社会继续向前发展，唯有人性善才能让人们在经历困境时生出希望，唯有人性善才能让整个社会风气向良性的方向塑造和产生。所以，孟子是伟大的，是仅次于孔子的，因为知其然和知其所以然，他才能如此坚定地宣告世人：人性是善的。

也许有人会说，其他人性观点也是有道理的啊，而且正是因为有了其他的多样的观点，才让我们更加深刻了解人性的全部啊！难道就不值得提倡了吗？当然值得提倡，因为那些也都是很宝贵的思想，也都是事实和真相的一部分，同样是不可或缺的。之所以会有上述一番言论，不单单是为了解释孟子极高的思想境界让他有了"亚圣"的美誉，还有一个很重要的原因，就是大众的接受方式。什么意思呢？但凡一种思想流行起来被不断地解释和传承时，普通大众的接受方式往往是简单粗暴的，甚至断章取义的。能够深入研究透彻和搞明白一种思想是需要花费时间和精力的，这一点恐怕只有专门研究的人和感兴趣的人才会去做的，普通大众往往只需要快速简便直接地知道这个思想的核心意思，其他的附加的言论他们往往不会关注。我们既然无法左右和改变大众获取知识接受思想的方式和态度，那么至少，我们在输出这个思想让它成为流行话语之前，谨慎考虑一下可能的表达方式，使之更好地引领社会的良性风气，也算是对得起自己的职责和良心了。

关于人性善，孟子和他的学生告子有过不少讨论，可以让我们管窥一二，摘录如下：

告子曰："性犹湍水也，决诸东方则东流，决诸西方则西流。人性之无分于善不善也，犹水之无分于东西也。"孟子曰："水信无分于东西。无分于上下乎？人性之善也，犹水之就下也。人无有不善，水无有不下。今夫水，搏而跃之，可使过颡；激而行之，可使在山。是岂水之性哉？其势则然也。人之可使为不善，其性亦犹是也。"

也就是说，人性善就像水往下流那样自然而真实，之所以水会出现回流或上流的现象，是因为他们所处的环境不同而导致了水的变异。比如正常流动的水，前面突然有一块大石头，那么水流到这里自然会被激起巨大的水花甚至出现逆流的现象。所以，孟子认为，人性也一样有变异，主要有两大因素导致本善的人性发生变异而走向了反面：外在因素和内在因素。

外在因素就是前面所说的外在环境的影响。恶劣的环境容易使人迷失本性，蒙蔽内心，滋生出与之前完全不同的性格特征。这一点很好理解，无须过多解释。但是要强调的是，这里使用的词是"容易"，而不是一定。

孟子曰："富岁，子弟多赖；凶岁，子弟多暴，非天之降才尔殊也，其所以陷溺其心者然也。"富足的年月，子弟大多懒惰；动乱的年月，子弟多有暴行，这不是上天赋予他们的资质不同，而是由于外在因素使他们内心的美德陷溺于环境才造成这样的。

内在因素指的就是关乎个人的因素，简单来说，也就是存在于每个人心中的那些不断生长的欲望。难怪美国著名心理学家马斯洛在研究人的五个需求层次时，不无感慨地说："人是一个不断产生欲望的动物。"所谓"口之于味也，目之于色也，耳之于声也，鼻之于臭也，四肢之于安佚也，性也。"这些看得见的耳目口鼻之欲，还有那些看不见的隐藏在人们心底的可能见不得光的欲望，都有可能让一个天性纯真烂漫的人变成一个穷凶极恶的混蛋。

古希腊著名思想家柏拉图在《理想国》里讲了一个很有趣的神话故事《古格斯的戒指》。有个名叫古格斯的牧羊人机缘巧合得到一枚可以隐身的戒指，当他发现真的没人能够看见他时，便利用这枚戒指引诱皇后，谋杀国王，直至最终窃取王位。

虽然现实世界没有人可以拥有隐身的超能力，但是依然会有古格斯这样的人存在，他们被自身不断增长出来的欲望驱使，即便误入歧途，即便身败名裂，也执迷其中难以自拔。道家创始人老子早就一针见血地说道："罪莫大于可欲。"孟子也说："养心莫善于寡欲。"

一如歌词里说的，外面的世界很精彩，外面的世界很无奈。的确，在充满着超出正常欲望满足线的斑斓奢靡的诱惑面前，能够经得住诱惑，耐得住寂寞，还能够扛得住挫折，这样的人不是圣人也绝对不是一般人了。

（二）人皆有四心

孟子的四心说思想也是非常有名的一个论断，尤其是居首位的恻隐之心成为后世的流行语，其实，四心说正是人性本善这棵大树上长出的粗壮的枝干。先来看原文：

> 恻隐之心，人皆有之；羞恶之心，人皆有之；恭敬之心，人皆有之；是非之心，人皆有之。恻隐之心，仁也；羞恶之心，义也；恭敬之心，礼也；是非之心，智也。仁义礼智，非由外铄我也，我固有之也，弗思耳矣。故曰："求则得之，舍则失之。"
>
> 恻隐之心，仁之端也；羞恶之心，义之端也；辞让之心，礼之端也；是非之心，智之端也。人之有是四端也，犹其有四体也。有是四端而自谓不能者，自贼者也；谓其君不能者，贼其君者也。凡有四端于我者，知皆扩而充之矣。若火之始然，泉之始达。苟能充之，足以保四海；苟不充之，不足以事父母。

我们先来看恻隐之心，对应的正是我们的善念、仁爱，所以居于四心之首；羞恶之心，对应的是处理与社会和他人之间关系时所遵循的道义、法则；辞让之心，对应的是自己与他人最基本的社会交往礼仪和仪则；是非之心，对应的是自己心中对外在人和事的基本道德判断。连起来正是古人常说的"五常"即"仁义礼智信"中的前四个。五常本就是儒家思想用于人际沟通的基本准则，而孟子创造性地将仁义礼智与四心结合起来,并将这四心的生长生发看作是仁义礼智这四种美好品质的养成,二者是同步生长同步发展的过程。孟子强调每个人都有这四心,这四心就如同我们的四肢,失去其中一心或几心就不完整了,也就不能称之为人了。而且每个人一生要努力去做的一件事就是不断让自己的四心扩充、发展、饱满,这样,与此相应的仁义礼智四种品质才能得到不断升华和提高,让自己达到儒家所说的"内圣"的状态,当一个人具备内圣所需要的相关品质和能力了,那么就有资格和义务去"外王"了,也就是要把这些美好的品质在与社会、与他人交往的过程中展现出来。如果人人都能如此,这个社会不就是一种人人相亲、以礼相待、尊仁尚义、和谐有序的美好社会了吗?

因此,孟子的四心虽然指向的是每个人的内心,但最终落脚的依然是整个社会的运行和发展。这便是大格局、大视野、大襟怀!

(三)民为贵,社稷次之,君为轻

孟子曰:"民为贵,社稷次之,君为轻。是故得乎丘民而为天子,得乎天子为诸侯,得乎诸侯为大夫。"

关于君民关系的论述,也是儒家思想中非常重要的一个命题。有几位思想家的观点是值得一提的:

周公:惟命不于常

周公应该是最早认识到君民关系的非永恒性而对其进行论述的思想家。当初周公辅佐武王伐纣时,因为目睹了残暴的商纣王如何一步步把殷商五百年的基业毁在他的手里,所以在西周建立初期,周公就发出警示:惟命不于常。以此告诫西周的继承者们,一定要以德行教化天下、爱护百姓,否则,殷鉴不远啊!节选部分原文,感受下周公的超前思维:"王敬作所,不可不敬德。""我不可不监于有夏,亦不可不监于有殷。我不敢知曰，有夏服天命，惟有历年；我不敢知曰，不其延。惟不敬厥德，乃早坠厥命。"

荀子：君民舟水论

"君者，舟也；庶人者，水也。水则载舟，水则覆舟。"荀子的这番言论在历史上非常有名，几乎人尽皆知，故此处无须多言。

要知道，中国古代生产力不发达、科技水平落后，各种图腾崇拜、占卜问事、敬畏上天的神鬼思想可是当时的一种时尚而大行其道。连拥有至高无上的皇权的统治者们在面对天下百姓的时候都要说一句"朕是真命天子"的话，目的就是要拉上老天爷这个超级无敌的"大旗"来做虎皮，让懵懂不知的老百姓俯首听命。所以，能够认识到老百姓的力量，把君民之间曾经如此稳定的、绝对的上下服从关系进行了破天荒的翻转，民为贵，君为轻，在如此讲究尊卑等级的古代，把君民关系用轻、贵这种字眼来描述，真的是很大胆！真的是很霸气！

孟子是在用言语告诉那些统治者们：别以为老百姓善良就好欺负，如果你不爱民如子、善待黎民，老百姓会给你颜色看的！下面这段话就非常有杀伤力：

> 孟子告齐宣王曰："君之视臣如手足，则臣视君如腹心；君之视臣如犬马，则臣视君如国人；君之视臣如土芥，则臣视君如寇仇。"

由此可见，孟子关于君民关系的论述是基于人性善这个理论前提下对当政者的一种提醒和警示，既然人性本善，那么当政者更应该以善易善，用善良的仁政去回应百姓的善良。正如习近平总书记所言，人民至上，以人民为中心，是中国共产党的使命担当，也是总书记念兹在兹的执政信条和最鲜明的政治品格。这种始终把人民利益摆在首位的政治情怀，老百姓怎会不衷心拥戴？而这正是国家治理的良性循环，也是一个文明大国应有的风范！

（四）人皆可以为尧舜

"尧舜之道，孝弟而已矣。子服尧之服，诵尧之言，行尧之行，是尧而已矣；子服桀之服，诵桀之言，行桀之行，是桀而已矣。"

孟子这个论述非常重要，因为他用这么简单的一句话就拉近了凡人与圣人之间或许不可逾越的距离。尧舜在古代可是神一样的存在啊，周公、孔子都是时常把"三代"放在嘴边的人，所以在一般人的眼中，他们是那么的神圣而遥不可及！可是孟子却以一种看似稀松平常的语气说：谁都可以成为像尧舜那样的人！

这简直又是惊天之语！

我们来看看孟子给出的具体路径：服装、语言、行动。看似很简单，可又不简单，我们分别来看：

第一个路径，服装。这可以说是最简单的，没有任何技术含量和技术难度。

第二个路径，语言。相对来说也不算难，因为嘴里说出的语言实际上分两种：真心的，违心的。虽然我们知道，一个人嘴上会说什么往往与他心里想什么有着直接的投射关系，但是如果一个人为达到某种目的说一些违心的但别人喜欢听的话，那么他会去说的，所以违心的语言相对不难，只要看那些圣人平时说什么背下来就算符合这个要求了；难的是真心话，因为一个人嘴上所说的真实的语言表达一定反映了他内心的真实想法，如果他没有圣人那种胸怀天下兼济黎民的心，他自然也就说不出带有圣人特质的语言，所以，真心地说出圣人常说的话，这一点就已经不简单了。但这并不是最难的，最难的是在第三个路径。

第三个路径，行动。我们总能看到一些语言上的巨人、行动上的矮子，他们可以轻轻松松说一些漂亮的语言，开出一些空头的支票，但具体到行动上却往往没有了下文。所以，能够在实际行动上也按照圣人常说的去做，做到了，就是圣人；做不到，就只能是万千凡夫俗子中的一员。

为什么行动最难？因为它最重要，为什么行动最重要？因为它能改变我们的命运。只有通过行动这种最直观的体验，才能对自己一直停留在理论和想象层面的东西进行检验，也才能形成自己真实的判断和独有的切身感受，进而才能产生指导自己未来思维方式和行为方式的基本框架和处事原则，最终修正和改变自己旧有的不当的思维逻辑并改变自己的命运。是的，行动的最终结果是可以改变自己的命运的。至今仍记得当初深深被触动的一句话：听过很多大道理，却依旧过不好这一生。这句话来自一部电影《后会无期》，为什么有些人一辈子都活在这句话里，最重要的一个原因就是没有行动。永远停留在语言上，或者即便有行动，却因为没有坚持下去半途而废，而终究劳而无获。因此，张爱玲的这句话说得很有道理：有些弯路必须自己走。别人说一千遍一万遍，自己不去亲身实践，到头来你还是得不到多少有价值的生命体验的。所以，希望大家都能重视行动的重要性，也许我们最终没有成为一个圣人，但我们至少成为了比之前更好的自己。

四 浩然正气走天下

历史上还有一个流行度非常高的成语是与孟子有关的，那就是

"浩然正气"。这个成语源于孟子与他的学生公孙丑之间的一次对话：

"敢问何谓浩然之气？"曰："难言也。其为气也，至大至刚，以直养而无害，则塞于天地之间。其为气也，配义与道；无是，馁也。是集义所生者，非义袭而取之也。行有不慊于心，则馁矣。"

实际上原文对话很长，是《孟子》这本书中为数不多的长篇之一，而且里面提到了很多不同的概念，如心、意、言、志、气等，如果不深入研究，是很难搞清楚彼此的关系的。这段话是从动不动心开始的，公孙丑以孟子如若做了齐国卿相推行仁政，进而成就千秋霸业，来试探孟子会不会动心。之所以会有这番试探，源于孟子的弟子们自跟随孟子周游列国以来，发现自己的老师既不主动会见国君诸侯，也不积极结交王侯权贵，心中自是充满疑惑和不满，所以才有了上面的一番试探。他的另一个学生陈代更是直截了当地指出孟子的问题："不见诸侯，宜若小然；今一见之，大则以王，小则以霸。且志曰：'枉尺而直寻'，宜若可为也。"意思是说，老师不去见诸侯，显得气量小了，暂时委屈一下自己就可以得到更大的回报，为啥不做呢？结果孟子明确而深刻地回答了弟子们的疑惑："枉己者，未有能直人者也。"我不动心，因为我有浩然之气。

章诒和在《往事并不如烟》中曾经说过一句话：有能力的人都是有脾气的。这里我想说的是，有思想的人也是有脾气的。

在孟子的内心深处，他是坚定宣扬仁政的儒者，而不是到处兜售贩卖的商贾，他是正己才能正人、舍鱼而取熊掌的忠实信徒，而不是枉道从人、屈身媚世的政治掮客。一句话，他的脾气源于他的正气！

（一）浩然之气四部曲：养勇—持志—集义—寡欲

孟子在与公孙丑讨论浩然之气的对话中，曾提到古代一位刺客如何养勇的事情。在我看来，养勇是培养浩然之气的第一步。

1. 养勇

一身正气凛然，别人不敢侵犯，如何才能达到这种效果？首先最基本的就是自己要具备起码的勇气。在古代，普通的老百姓若是有幸见到皇上，内心会是何等的激动，以至于《世说新语》里记载的钟氏兄弟的故事因为太真实而流传甚广，一个"战战惶惶，汗出如浆"，一个"战战栗栗，汗不敢出"。试想，一个平凡无奇的人如果没有足够的勇气，在遇到身份地位权势等各方面都高于自己的人，难免因为底气不足而"自矮一截"，更何况是要面临名利的双重诱惑、义利的两难选择呢？没有这种勇气，要作出正确的选择简直是痴人说梦了。

所以，孟子才会以北宫黝养勇的故事来告诉世人：善良是需要勇气的。曾记得课堂上一位学生的发言让我记忆深刻，她讲的是地铁上自己不敢给老年人让座的亲身体验，原因只是她觉得这样会让别人以为她爱表现，这样做会让她觉得很不好意思。现实中有这样想法的人应该也不少吧，而且这只是在没有任何危险或顾虑的前提下的"不作为"，更别说在遇到突发状况时的现场反应了，否则，"集体冷漠"和"群体不作为"这样的字眼也不会出现。所以，善良需要勇气，守住善良更需要勇气。有了这种勇气，就不会因为对方的位高权重而乱了自己的方寸，也不会因为事发突然而隐藏了自己的理性和正义，更不会因为自身利益的受损而放弃道德和操守。

2. 持志

有了敢于正视一切的勇气，接下来必须要有坚定的持之以恒的志向来引导和规约这种勇气，否则它就会变成蛮勇、戾勇，给社会带来难以估量的伤害。而这个志向不是别的，就是孟子一直心心念的仁爱。把善良坚持下去，让它成为个体终生奉行的目标和准则，这种志向不仅要有，还要坚定，也就是从内心深处对善良的认可与热爱，没有这份执着，志向就会在每天柴米油盐的琐事中渐渐磨灭了。所以，我们常说，做人要有大志，而且立志要趁早，一个人从小有大的志向，那么他将来极容易成为他想要成为的人，只要他对志向的那份执着热度不减。但是，一旦放弃或偏离了志向，内心的摇摆与不坚定终究会让个体付出代价。

3. 集义

什么是集义呢？就是把"义"集合在一起，也就是付诸行动。通过亲身实践善良、感知善良的美好、体验善良的社会效果来不断强化心中对善良这一志向的坚持与坚守。可以这样说，持志是发乎于心的，而集义是行之于外的，必须通过与社会和他人接触，把善良这一志向付诸实践，应用在他人身上，才能得到真实的心理体验从而不断验证志向的正确性，这是一个良性循环的过程，而且集义这一实践的过程是绝对不可或缺的，理论只有与现实结合起来，才能展现出它本来的魅力！因此，当个体通过行动把"义"集合得越多，心中的正义感也就越强，对浩然之气的养成也就越有利。

4. 寡欲

可能有人会觉得前面三步已经足够了，为什么还要有第四步呢？我们先来说一个 2009 年发生在广州的真实故事，一位热心助人的退休老伯赖健生在劝说一位爬上海珠桥扬言跳桥的男子时，将男子推下桥，因充气垫未充满气导致其右手和腰椎粉碎性骨折。这件事也引发舆论的讨论，有人认为老伯做得对，因为跳桥者的行为已经让海珠桥双向封闭了 5 个小时，市民因上班上学受影响而颇多怨言；也有人说老伯做得不对，不管跳桥者做了什么，导致了什么，个人都无权把对方推下去，尽管造成伤害是他没预见到的。撇开案子不讲，我们先来看看这个老伯，他当过兵，也多次从桥上救过轻生者，应该说是个热心助人的人，但是这次为何把对方推了下去，他说因为最近看到的很多都是关于跳桥作秀的新闻，对这种为一己私心损害大众利益的行为十分不忿，于是"一怒之下出此下策"。我们就来分析一下老伯这"一怒"从何而来：老伯因为经常帮助别人做好事而小有名气，人一旦有了名气，得到更多人的认同，就很容易骄傲，容易自以为是，若时不时还能收到"鲜花"和"掌声"，那么这种环境是很容易滋生欲望的，一种膨胀的欲望，一种彰显自我的欲望，所以当他看到相关新闻报道，并再次看到有人跳桥时，在自以为是观念的影响下，自然也就把这次的跳桥也看作是作秀，所以跟跳桥者简短沟通没有得到配合后一怒之下把对方推了下去也就能够理解了。当然，理解他的行为不等于赞同他的行为，恰恰是他背后的行为逻辑让我们看到任由欲望生长蔓延的不良后果。

因此，个体在养勇、持志、集义之后，必须要做的就是寡欲，就是孟子所说的不动心。动心就是因为有了欲望，欲望减少或降低就能够让自己最大限度地不动心。只有不动心，理智才不会被蒙蔽，善良才不会误入歧途。所以，若一个人通过前三步的练习和实践慢慢积累了一定的人气和名气的话，别忘了提防自己内心可能不断生长出来的不良的欲望，及时引导这些欲望，不要让它蒙蔽了善良。

（二）反求诸己

孟子提出浩然之气的根本用意其实就是不断提升个体的内在道德，塑造更加完备的道德人格。他提出一个非常有意义的观点，反求诸己。

> 爱人不亲，反其仁；治人不治，反其智；礼人不答，反其敬。行有不得者皆反求诸己，其身正而天下归之。

个体在修身达到至善这条道路上会遇到很多的问题，有些问题来自外部，而有些问题则来自自身。所以孟子主张，当个体在现实生活中遇到没有达到自己期望的情况时，先不要急着把责任推给别人，推给社会，推给环境，推给其他什么因素，而是先回过头来从自己身上找找原因，只有先把自己的问题排除了，然后才可以比较客观地把问题放到除自己以外的因素上。这样做的好处是，个体更容易养成谦逊理性的思维路径，也就更容易找到更为恰当解决问题的方法。

可是问题就在于，有些人的思维路径是恰恰相反的，遇到难题时，他首先把责任或问题的根源推到外部因素上，摆出一副跟我一点关系没有的姿态，但实际上怎么可能一点关系都没有呢？所有的工作最终都是人与人在打交道，你的态度、语言表达方式、所选择的场合、所处的环境、思维逻辑等，都会无形中在与他人的沟通中起着潜移默化而又非常重要的作用，所以，孟子才用心良苦地提醒大家一定要反求诸己。他列举了三个主要的方面，爱人不亲、治人不治和礼人不答。

当你对他人表达你的善意而对方却并不亲近时，你要先找自己的原因，是不是自己付出的仁爱还不够，不足以让对方感受这份善意；当治理一个地方的百姓而对方却不听从时，也要先找自己的原因，是不是运用的智慧还不够，没有制定出更周全的政策让百姓信服；当你对别人以礼相待而对方却不理不睬时，你要先找自己的原因，是不是自己内心的恭敬的态度还不够，不足以让对方感受到你的真诚。总之遇到问题，首先从自己身上找原因，那么只要内心纯正，"天下归之"，你期待的人和事就都会按照你的期待向你走来。

实际上，反求诸己就是儒家非常强调的内省的功夫，曾子"吾日三省吾身"的修养功夫，孔子"见贤思齐、见不贤而内自省"的提升路径，都是借由内省而达到内圣的修炼宝典。一个人如果不通过自我反省这一极为重要的路径来时时调整自己、审视自己、框约自己，那么自以为是、傲慢偏见就会从中生发，理性和正义将逐渐被遮蔽，是非善恶的标准被戴上了有色的眼镜，善良也就成为一种手段而不是目的本身了。

孟子与至圣孔子以及其他后世大儒一样，是把仁心善念当作人之为人的根本的，它不是某些人为达到一己私利的工具，也不是某些人沽名钓誉的棋子，它就是它本身，是目的和本质，是任何人都不应该失去的做人的基准。每个人都应该致力于让自己成为一个仁者，做一个善良的人，这是我们的义务和责任。

关于孟子对个体修身功夫的论述还有很多，其中很多经典语句读来仍是言犹在耳的感觉，篇幅所限，我们把文中未提及的孟子的一些经典语句放在最后"名言欣赏"部分，便于大家对孟子的思想有更直观、更快速的了解。

综上，对于孟子的主要思想，我们先是从孟母对孟子一生生活及思想的影响进行了解读，然后将孟子最核心的仁政思想结合其周游列国的经历进行了阐述，之后从人性论的角度将孟子的人性善从国家和社会的层面进行了剖析，进一步展现孟子的人格力量与家国情怀，最后从个体论的角度讲述孟子的浩然之气的生成路径，以及在个体修身功夫上反求诸己的内圣之法。

最后，如果要用比较简练的语言来描述孟子，我认为可以是这样一番话：

身处力利世界

> 仁心从未弃灭
>
> 坚守善良本性
>
> 求己内省不歇

五 学习方法

所谓工欲善其事必先利其器，学习也是要讲求一定的方法的，这样才会有事半功倍的效果。然而，学习方法这件事情往往又是因人而异的，个体差异性非常大，适合你的学习方法不一定就适合他，适合他的不一定适合你，所以，我们这里并没有什么具体的学习方法，因为这是需要每个个体依据自己的特点而量身定制的，但是我们可以提供一些学习方法的指导原则，供大家借鉴一二。

网络上搜索名人读书法，可以发现很多关于这方面的内容，什么陶渊明的不求甚解法啊，苏东坡的八面受敌法啊，抑或是鲁迅的多翻跳读法啊，等等。读者可以充分发挥现代科技的便利，从中选出自己感兴趣且有帮助的方法。我这里想重点介绍朱老夫子的一些有趣的学习方法。

（一）读书有三到

南宋·朱熹《训学斋规》："余尝谓：读书有三到，谓心到、眼到、口到。心不在此，则眼不看仔细，心眼既不专一，却只漫浪诵读，决不能记，记亦不能久也。三到之中，心到最急，心既到矣，眼口岂不到乎？"可见，读书，要读出隐藏在字里行间的智慧，不用心是万万不能的。

（二）朱子读书法

朱子读书法据说是古代最有影响的读书方法论，是朱熹的学生汇集他的训导概括归纳出来的，共六条：循序渐进、熟读精思、虚心涵泳、切己体察、着紧用力、居敬持志。大家仔细琢磨，每一条都是大有深意的，具体意思大家可以自行学习和理解。归结到一点，想告诉大家，要想把这些白纸黑字的知识转化成鲜活有生命的智慧，既要用心去体会，更要用身去践行。真正按照他所说的这套方法去亲身实践，在实践过程中用心体会，这样得出来的智慧才是属于自己的，古人的知识才会以鲜活的姿态走进我们的生命中。

名言欣赏：

1. 徒善不足以为政，徒法不能以自行。
2. 天作孽，犹可违；自作孽，不可活。
3. 仁，人之安宅也；义，人之正路也。
4. 恭者不侮人，俭者不夺人。
5. 人之患在好为人师。
6. 仁，人心也；义，人路也。
7. 人知之，亦嚣嚣；人不知，亦嚣嚣。
8. 周于利者凶年不能杀，周于德者邪世不能乱。
9. 宝珠玉者，殃必及身。
10. 仁者爱人，有礼者敬人。爱人者人恒爱之，敬人者人恒敬之。
11. 以佚道使民，虽劳不怨；以生道杀民，虽死不怨杀者。

12. 其进锐者，其退速。

13. 夫人必自侮，然后人侮之；家必自毁，而后人毁之；国必自伐，而后人伐之。

14. 君子有三乐，而王天下不与存焉。父母俱在，兄弟无故，一乐也；仰不愧于天，俯不怍于人，二乐也；得天下英才而教育之，三乐也。

15. 仁者如射，射者正己而后发。

16. 古者易子而教之，父子之间不责善。责善则离，离则不祥莫大焉。

 参考资料：

[1] 朱熹.《孟子》集注 [M]. 上海：上海古籍出版社，2013.

[2] 傅佩荣. 人性向善：傅佩荣谈孟子 [M]. 北京：东方出版社，2012.

有关孟子的比较直接全面研究其思想的著作主要就是上述这些，其他儒家典籍也可翻阅，便于从宏观和整体的角度来理解儒家的思想，进而理解孟子的思想。

思考题：

1. 您觉得孟子身上最可贵的品质是什么？
2. 如何做到反求诸己？
3. 要养成一身的浩然正气，我们应该如何去做？
4. 您认为善良是天性还是后天教化的结果，为什么？
5. 您从孟子身上学到最有价值的思想是什么，为什么？

读书感悟:

用慧眼观万象的守道人

《道德经》导读

◎ 崔玉娈

导言

"上善若水",这应该是大家——也包括我在内,听得最多的一句关于老子思想的箴言了!记得当初曾经问自己:老子是一个什么样的人呢?怎么就把世间最常见、最普通的水与人的品行联系在一起呢?为什么人生在世应该学习水的这种不争、处下、善利万物的美德呢?后来,随着个人年龄与阅历的增加,既品尝到因遵循上善若水这一原则而获得的生活的喜乐与宁静,自然也尝过了因为偶尔违背这一原则而带来的失落与困惑,当曾经的这个问题不再是问题的时候,我想我明白了上善若水的更为深层的智慧了。于是我又有了一个新的问题,像水这样一种既常见又普通的大千世界中的一物,如何能得到老子的垂青呢?换句话说,为什么别人并没有对水如此钟情以至于引为"上善"呢?

我想,其中有一个非常重要的因素:老子有着一双善于发现和观察的慧眼。有句话说得好:世界上不是缺少美,而是缺少发现。那么多的事物摆在人们面前，为什么有的人终生劳碌奔忙却始终看不见生活的旨趣，有的人虽富可敌国却仍频频感叹生命的无奈与辛酸！可是，朋友们，千万不要以为拥有一双慧眼是件简单而容易的事情，若果真如此，人人皆可做圣贤了。因为能够发现生命中的奇迹时刻，能够参透人生的真谛，能够从自然界万事万物中推衍出人生的至理，表面上看要学会观察，拥有一双智慧的眼睛，可实际上，"眼到取决于心到"，心里没有到达一定的境界和层次，眼睛自然是看不到的，即便看到，也只能是模糊的表象，要想"透过现象看本质"，修心自然是关键。今天就让我们一起走进《道德经》，去感受老子的那份道心、纯心和初心。正是有了这个"心"的存在，才让老子借由一双慧眼拨开层层迷雾，找到永存于天地间的"道"来构筑他的理论大厦。

作者及作品介绍

老子姓李名耳，字聃，一字伯阳，或曰谥伯阳，生卒年不详，籍贯也多有争议，《史记》等记载老子出生于春秋时期陈国，曾担任周朝守藏室之史，以博学而闻名，孔子曾入周向他问礼。春秋末年，天下大乱，老子欲弃官归隐，遂骑青牛西行。到灵宝函谷关时，受关令尹喜之请著《道德经》。老子是我国古代思想家、哲学家、文学家，道家学派创始人和主要代表人物，与庄子并称"老庄"。后被道教尊为始祖，称"太上老君"。曾被列为世界文化名人，世界百位历史名人之一。说到世界文化名人这一点，绝对是所言非虚的，笔者早年游学美国时，曾与外国友人谈及老子，他们都是略知一二的，而且对这位几千年前的历史人物表现出由衷的赞叹与尊敬。

作品内容及结构介绍

《道德经》分上下两篇，共 81 章。原文上篇《德经》、下篇《道经》，不分章，后改为《道经》37 章在前，第 38 章之后为《德经》。该书作为全球文字出版发行量最大的著作之一，与《易经》《论语》一起被誉为影响国人最深远的三部中国传统文化典籍。这本传世奇书在历史长河的淘漉之下，依然焕发着生生不息的智慧力量与夺目光彩，国人怎可不知、怎可不读啊？！

本篇《道德经》导读主要分为以下四大部分：

第一部分：一双慧眼观世界。在老子的视界里，水不仅仅是维持我们生命所需的东西，水还具备通行于天地间的三大美德，即不争、处下和善利万物，这三大美德与我们的日常生活有什么关联呢？读者朋友可一读以观之。

第二部分：两脚踏在红尘外。众所周知，道家是出世的思想，主张清静无为以自守，世间纷纷扰扰，我心超然物外，一切道法自然，原是了无挂碍。让我们一起去探寻老子内心深处的那份洒脱与淡然。

第三部分：三生万物极必反。物极必反，相因相成，事物的两面性在老子朴素的辩证法思想里体现得淋漓尽致。既然事物常常福祸相依，如何把握主动权，让事物在不断运动的状态下能够朝着有利的、好的方向去发展呢？让我们看看老子守弱用柔的战略是否可行。

第四部分：学习方法与参考资料。通过背诵为首、践行为要的学习方法，再辅之以相关的学习与参考资料，相信读者诸君能够从这本经久不衰的传世奇书中汲取老子的智慧和力量。

 一　一双慧眼观世界

（一）上善若水

老子独具慧眼，他看到了什么呢？这个世界在他的眼中和在普通人的眼中会有什么不同呢？而这些不同又会带来什么样的人生轨迹呢？请大家带着这些问题继续读下去。

> 上善若水，水善利万物而不争。处众人之所恶，故几于道。居善地，心善渊，与善仁，言善信，政善治，事善能，动善时。夫唯不争，故无尤。

在老子眼中，水简直是美德的化身。不争、处下、善利万物，这是水最宽广、最高尚、最无私的大德大美了，世间还有什么能超越它呢？的确，水太伟大了！因为总是谦卑地选择低处流淌，从来不会与谁发生争抢，时时处处想着如何发挥自己的价值，润泽万物又无所求，让它具备了不争之美、处下之美、利万物之美。就是这样的一种利尽万物却不争的精神反而让天下人人都赞美她、崇尚她。就像我们经常能听到的成语海纳百川或者百川归海所描述的那样。一如老子所言："江海所以能为百谷王者，以其善下之，故能为百谷王。"所以，由这几番话，我们可以推出几个关乎人生的小哲理：

1. 不争之争——不争之美

老子说："以其不争，故莫能与之争。"因为水从来不与万物相争

相抗，所以没有谁能争得过它，反而成就了水的地位与威严。以物推人来看，人生何尝不是如此？机关算尽太聪明的把戏只能糊弄一时，而一时的风光与得意终究抵不过日后漫长的悔恨与凄凉。一个"争"字，道尽了多少追名逐利、尔虞我诈、你方唱罢我登场的世间万象。且看《红楼梦》里机关算尽的王熙凤，还有围绕九五之尊的帝王之位而从未间断的宫廷血拼，凡此种种，都是一个"争"字闹的！可能您会觉得是不是有点极端，难道一点也不争就好吗？当然不是，正所谓"君子爱财，取之有道"，老子并不是一味消极地看待不争这件事，更没有否认"争"的意义和价值，问题就在于常人把争与不争这两个概念弄混了。为什么这么说呢？常人总认为我要争这个、争那个，争在他们眼中变成了一种方式和手段，而争来争去，争到最后，结果往往一场空，落了个"不争"的后果。而在老子眼中则恰恰相反，不争只是一种手段、一种方式、一种载体，争才是目的。如老子所言："道常无为而无不为，侯王若能守之，万物将自化。"也就是说，通过无为这种方式和手段来达到和实现无不为的目的，通过不争这一载体来实现最终的"争"。

到这里您可能会觉得困惑，都不争了，还怎么争呢？都无为了，如何还能无不为呢？这不自相矛盾吗？

这就是老子的智慧所在了。在他看来，一个争字，就包含了人们的投机取巧之心、蝇营狗苟之心，有了这些东西在心里，自然人的动机就不纯了。动机如果不纯，虽偶尔一时得了势，却无法长久地保有这种状态，因为你的机心会激起他人的机心，你通过不当方式算计了谁，未来怎知哪个谁不会用同样的方式来算计你呢？正是这种彼此相争相抗的死循环才会让人们感叹天道循环啊。所谓出来混，迟早要还的，你用什么方式对待这个世界，世界往往会以相似或更甚的方式回馈于你。

然而，当一个人放下了"争"字（我们说的是真正的放下，不是表面假装放下但一有机会就暴露无遗的那种），内心只剩下真诚和坦然，这份真诚和坦然会引导他以平静和宽容的姿态来看待世间熙熙攘攘，始终用内心的真诚、坦然、无欺来应对世间的变化，因为有期待就会有失望，没有刻意的期待，失望无从生，生活自然顺遂了许多，当生活中的这些正向的状态越积越多的时候，试问谁还能争得过你呢？你已经是自己人生的赢家了。鹬蚌因为相争而打得不可开交时，一旁悠闲路过的渔翁却得了利。世事总是惹人长叹，不争之争，有多少人能够真正心领神会地付诸实践呢？

我一直记得，有一件小事让我对这个"争"字印象深刻。那是我有一次坐公交的体验，我在去往公交站牌的路上走着，还有一段距离就到了。这时，我想要坐的车刚好从我身边经过，我本能地加快速度希望能挤上这趟公交。我用余光瞄了一下这辆车上人还不少，可是，我没有那么幸运，在我就差几米就要跑到站牌的时候公交车无情地开走了。我只能大口地喘着气，望着公交车远去的背影自顾自惋惜哀叹。可谁承想，不到一分钟之后，一辆同样线路的公交车正好停在我面前，而且这辆车上还有很多空位。我当时一个很鲜明的感觉就是想到了老子的这番话，让我折服不已。那么用力地跑着，还没挤上那辆非常拥挤的公交车；不用花费什么力气，反而等到了一辆更为舒适的公交车。当然，在这里要提醒读者的是，千万不要把很多优秀经典的思想教条化、片面化、绝对化。可能你会说，不就坐个车嘛，怎么就牵扯到老子身上了，是不是小题大做了；也许还会说，如果生活真的这样，那我就应该什么都以消极、放弃的姿态来应对喽？任何真理的运用都是有条件的，有具体情境的，如果我们总抱着"鸡蛋里挑骨头"的姿态来审视每一句真理，那你总会成功的，因为没有一句话是没有瑕疵的。可是问题的关键不在这，不在你挑出多少骨头来，问题的关键只在于这句话、这个思想、这个观点是否让你从中受益,让你的人生因此而变得更美好、更幸福了。我想,这在我们学习并参透古人思想中的智慧时是特别重要的。

2. 谦卑要终身奉行——处下之美

俗话说得好,"人往高处走,水往低处流。"哪里地势低,水就流向哪里,这绝对是"处众人之所恶"了,但是老子为什么紧接着后面跟了一句"故几于道"呢?而现实世界中人的表现为什么与水的表现是相反的呢?

我们先说水的问题,再说人的问题。

一个有趣的自然现象是,下雨的时候,凡是能存得住水的地方一定是低洼的小沟小坑,百川归海的"海",实际上就是一个超级大的坑。那么这些再正常不过的自然现象为什么到了老子的眼中就变成了永恒于天地之间的"道"了呢?

在这里,我们顺便解释下什么是"道"。因为"道"是老子思想中的核心概念,只是这个概念恒无定论,只能意会不能言传,如同老子自己说的那样:"道可道,非常道。"能够用语言描述出来的道也就不是他说的那个道了,无名、无形、玄妙是道的最基本的特征。惯常的提法是把道看作宇宙的本原和实质,借以引申为事物发展变化的永恒的准则、秩序、方法等有规律可依可循的东西。南宋道教学者范应元所著《老子道德经古本集注》被推崇为"道家秘笈",读者朋友可以寻观,范氏曾对老子"道"的概念作过这样的解释:"老氏悯夫世人逐末忘本,浸失真源,不得已而应机垂训,又恐人溺于言辞,弗能内观,故复示人以深意,必使反求诸己,欲其自得之,而入众妙之门以复其初,又能体是而行,以辅万物之自然,而同归于一也。宜深味之。"

历史上有位隐士叫河上公的，据说也是道家思想的集大成者，他最主要的贡献就是为《道德经》作注，即《河上公章句》，据传为最古的《道德经》注本。但因个人信息比较神秘，其出生年代、真实姓名等都尚存疑，不过，因为他的声名很大，所以我们也把他对老子"道"的概念在这里引用一下，以便读者综合比较，他认为："谓经术政教之道也，非自然生长之道也。……无名者谓道，道无形，故不可名也。始者道本也，吐气布化，出于虚无，为天地本始也。"

总起来看，"道"虽无名无形，但因其玄之又玄的固有特征以及违道便失本的现实后果而让世人得以因道布教、受教，世人从中寻得些蛛丝马迹般的规律和准则，对老子的微言大义能够结合自己的体会和感悟而源源不断地提供印证与校验，由此更加强了世人对老子其人其书的尊崇与膜拜。我本人就是膜拜者之一，借助"无形的道"所隐隐约约感受到的片段的、无可辩驳的规律性来引导自己的人生走向，深受其益！

所以说，正是因为大海把自己的姿态放得最低，那些来自高处的小溪小流才会以"万折必东"的信念归入大海，大海也因为这种姿态而成就了自己的宽广和博大。既然道本身必然暗含着一种规律性，那么老子把水看成是最接近道的本质，也就顺理成章了。我们前面提到的水的三种美德便是道在人世间的具象体现，因为凡是与这三种美德相悖的人和事往往都付出了应有的代价、得到了应得的结果。有了这番现实的验证后，如何不让世人对老子的高深睿智暗暗称奇呢！

而要具备这种处下之美，特别重要的一个品质便是谦卑。拥有谦卑之心将会让我们自觉放低自己的姿态，避免走入自傲自负的深渊；也会让我们在放低自己的同时不敢也不能小瞧他人，带着内心的那份真诚与尊敬与人沟通，避免陷入自我封闭的怪圈中。谦卑对于一个人的成长与发展实在是太重要了，以至于历代明哲对谦卑二字都有非常独到而深刻的见解，试举一二：

王阳明说："人生大病，只是一傲字。……古先圣人许多好处，也只是无我而已，无我自能谦。谦者众善之基，傲者众恶之魁。"在号称"立德立功立言"真三不朽的阳明子看来，一个傲字不知毁了世间多少能人智士，败了多少勇将谋臣。众恶之魁，这个"魁"字，着实引人深思啊！

《易经》中共有六十四卦，绝大多数卦辞都是吉凶相参相杂时时处于变化之中，甚至在"乾""坤""泰""益"等明显的吉卦中都出现了"悔""穷""吝""凶"等现象，但唯独有一卦"六爻皆吉"是让人感到意外的，那就是第十五卦的谦卦。这六条爻辞是一首完整的围绕主题"谦"的散文诗，下面是其译文：

谦之又谦的人们，他们会消除一切困难险阻，跋山涉水也如履平地。

（他们）受人赏识，内心谦虚。

（他们）认真负责，仍然谦虚，其乐融融。

（他们）不忘初心，继续发挥自己的谦德。

（他们）德行很高，却不以此为傲而使他人难堪。

（他们的）德行可以指导每个人审视自我，修己为人。

《礼记》中有这么一句话："礼者，自卑而尊人。"强调礼的本质就是把自己的姿态放低，以真诚的态度来高看别人、尊重别人。因为谦卑是尊敬的第一步，内心不谦卑，就无法做到真正的尊敬和尊重，就变成了一种敷衍和流于表面的礼仪形式了，所以，待人接物，谦卑为首。

除去圣贤和儒家典籍中对谦卑的解读外，国人还将这种品质嵌入了有形器物——欹器之中，以时时警醒世人。

欹器是古代一种倾斜易覆的盛水器，后来被作为谦逊和自省的象征物。"欹"为倾斜之意，这件器物的特点与神奇就在这九个字上：虚则欹，中则正，满则覆。就是说，当里面没水时，这件器物是倾斜的，当水装到一半时，器物就回正了，但是当把它装满时，这件器物就倾倒了。据说当年鲁国之君把这奇特的容器放在宗庙中作为"座右铭"，目的在于提醒自己，万事都要采取中庸之道，适可而止，切不可过分，谨防"满则覆"。

《荀子·宥坐》记载了孔子观欹论道的故事："孔子观于鲁桓公之庙，有欹器焉。孔子问于守庙者曰：'此为何器？'守庙者曰：'此盖为宥坐之器。'孔子曰：'吾闻宥坐之器者，虚则欹，中则正，满则覆。'孔子顾谓弟子曰：'注水焉。'弟子挹水而注之，中而正，满而覆，虚而欹。孔子喟然而叹曰：'吁！恶有满而不覆者哉？'子路曰：'敢问持满有道乎？'孔子曰：'聪明圣知，守之以愚；功被天下，守之以让；勇力抚世，守之以怯；富有四海，守之以谦：此所谓挹而损之之道也。'"

是啊，哪有灌满了而不翻倒的道理呢？这不禁让我想起多年前读过的朴槿惠的书《绝望锻炼了我》里边提到的具有同样含义的器物——戒盈杯。

戒盈杯到底是什么呢？其实就是一个酒器，杯心直立一龙首，外底部有一漏孔。往里注水时，浅则滴水不漏；满则水流殆尽。故称"戒盈杯"。其寓意如其名字所示：盛酒时只能浅平，不可过满，否则，杯中之酒便会全部漏掉，一滴不剩。"知足者酒存，贪心者酒尽"，该杯盛酒可谓公道，也称公道杯。喻示世人办事处世必须讲究公道，不可贪得无厌，凡事不可过满。

您见过麦穗吗？越是不成熟的发青的麦穗，越是高昂着它的头，然而越是饱满成熟的麦穗，越懂得低下它的头。小小的一株麦穗也蕴含着人生的至理啊！

难怪老子说："持而盈之，不如其已；揣而锐之，不可长保。金玉满堂，莫之能守；富贵而骄，自遗其咎。功成身退，天之道。"自傲自满都是无法长久的，话不能说满，事不能做绝，好不能占全，自古以来，这个道理可谓屡试不爽啊！大家有时间可以重温一下韩赵魏三家分晋的故事，感受一下"傲"的巨大杀伤力！

3. 成人才能成己——善利万物之美

水具有善利万物的无私品格，这也恰恰反映出水的高尚与大爱。凡是成就他人的，必能成就自己；凡是总想先成就自己、不成就他人的，最后也将是竹篮打水。所以，成人才能成己这句话里，有一个先后顺序的问题，以及还有一个成人之心的问题。

先来看先后顺序，为什么成人才能成己呢？也就是说为什么必须先成就了别人，才能进而成就自己呢？

我们可以先来分析一下：那些只想成就自己的人因为没有成人之心，所以在有些事上总有一种"见不得别人好"的感觉。也许《汤姆叔叔的小屋》里那个庸俗、狭隘、残暴的奴隶主哈里斯先生就是一个很好的例证。因为自己的黑奴乔治英俊礼貌又有才，风头早已盖过自己，这让他极为不爽，于是这个自私自傲的主人是那么果断而肆意地破坏、夺走他的美好，给他各种难堪与侮辱，没有别的，就是见不得他超过自己，见不得他比自己强。

所以，那些缺少成人之心的人，见到美好的人和事，不是想着去祝福、去赞美，而是要去破坏、去剥夺。这些想法和行为的背后其实往往都与自私有着千丝万缕的联系。当然，如果你觉得自私这个标签有点太过武断的话，那么"以自我为中心"这个标签似乎相对公允些。但是，问题就在于自私与以自我为中心两者之间离得很近，稍不注意，自我为中心就溜到了自私的边缘，而一个自私的人能成多大的事呢？他可能在自己的世界里觉得很得意，但是一旦与外界的人和事产生关联，让他陷入并且是很容易且经常陷入一种棘手的难以处理的境地之中，他就要寸步难行了。如果他不甘于"束手就擒"，以一种死皮赖脸的抗争精神来对抗周围的世界，他就会成为法院和医院的"常客"了。因此，如果你真的希望自己有所成就，那么也不能通过把别人踩下去才能让自己爬上来，因为这又陷入了前面说的那个死循环了，而是真心帮助别人的成长、成就别人来推动自己的成长，因为这样的成长才是根深蒂固的，才是持久而稳定的。

再来看成人之心的问题，孔圣人说，君子有成人之美。老子原话说得很清楚，水是善利万物的。这里有个"善"字，不要小看这一个字，有它无它，意义差别很大。水具有利万物的特性，但是水是不是总是利万物并心甘情愿地利万物，对于一个人来说，区别还是很大的，成人之心的有无关键取决于这个包含主动和意愿以及无私的"善"字。一个心甘情愿去成就别人的人是没有功利之心的，而没有功利之心的掺杂，世事才会在我们面前展现它本真的样子，我们也才能得到世界温柔地对待。所以，当我们心甘情愿地去成就别人时，被成就的人怎会忘记我们，而我们在成就他人的路上早已千锤百炼、不断成长，这个"厚积"的过程不正是将来可以"薄发"的关键准备阶段吗？不经历风雨，如何才能看到彩虹？不积淀自己，机会来临时如何抓得住呢？

在历史的长河中，如老子般拥有一双慧眼的人还有我们的大圣人孔子，在孔子的眼里，水被赋予了九种美好的德行，值得我们一观。

（二）君子见大水必观焉

孔子观于东流之水。

子贡问于孔子曰："君子之所以见大水必观焉者，是何？"

孔子曰："夫水遍与诸生而无为也，似德。其流也埤下，裾拘必循其理，似义；其洸洸乎不淈尽，似道。若有决行之，其应佚若声响，其赴百仞之谷不惧，似勇。主量必平，似法。盈不求概，似正。淖约微达，似察。以出以入以就鲜絜，似善化。其万折也必东，似志。是故见大水必观焉。"

可以看到，在孔子的眼中，水具备了德、义、道、勇、法、正、察、善化、志等"九德"，这九种美好的德行不正是儒家眼中君子的化身吗？！

自古以来，水就是圣贤睿哲眼中的"宠儿"。更为重要的是，以水喻德、水德相融似乎是人们提及水、赞叹水的首要因由。

庄子在《逍遥游》中以水喻德："且夫水之积也不厚，则其负大舟也无力。覆杯水于坳堂之上，则芥为之舟，置杯焉则胶，水浅而舟大也。"

告子曰："性犹湍水也，决诸东方则东流，决诸西方则西流。人性之无分于善不善也，犹水之无分于东西也。"

孟子曰："水信无分于东西，无分于上下乎？人性之善也，犹水之就下也。人无有不善，水无有不下。今夫水，搏而跃之，可使过颡；激而行之，可使在山。是岂水之性哉？其势则然也。人之可使为不善，其性亦犹是也。"

在告子与孟子的对话中可以看到，孟子更是以水的本性来比拟人性之善。是啊，水有如此多的美德，水何言哉？水何言哉！

以上所述都是由老子眼中所看到的水而延展出来的。自然地，当你把水如此解读的时候，你的人生、你的理想、你的襟怀怎会不受这么多美好德行的影响呢？然而，如果换一个人，他眼中看到水的时候会想到什么呢？可以想象一下，一个凡夫俗子看到水，看到大海，他会想到什么呢？可以钓鱼？可以乘船出海游玩？可以灌溉农田？可以维持一家老小的生活用水所需？我们不得不说，你看到了什么，决定了你的人生境界！老子、孔子、孟子之所以成为流传千古受人敬仰的古圣先贤，与他们的思想境界，也就是他们眼里所看到的东西是密不可分的。

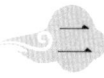 二 两脚踏在红尘外

因为有了一双独特的慧眼，让老子与他同时代的人可谓风格迥异。我们可以从下面他自己的思想独白中可以感受一二：

> 唯之与阿，相去几何？善之与恶，相去若何？人之所畏，不可不畏。荒兮其未央哉！众人熙熙，如享太牢，如春登台。我独泊兮其未兆，如婴儿之未孩。傫傫兮若无所归。众人皆有余，而我独若遗。我愚人之心也哉！沌沌兮！俗人昭昭，我独昏昏；俗人察察，我独闷闷。澹兮其若海，飂兮若无止。众人皆有以，而我独顽似鄙。我独异于人，而贵食母。

众人（熙熙）在求名逐利的道路上热闹得不可开交时，我却独自固守着宁静淡泊不为所动；众人（昭昭）都觉得自己急切追求的就是自己想要的东西时，我却显得昏昏木木被世人嘲笑；众人（察察）以

严厉苛刻的眼光以为自己看穿了世间事时,我却显得沉默寡言一无所知。在世人眼中,我是一个愚昧的人,我是一个异于常人的古怪的人。总之,老子鲜明地看到了自己与世人的迥然不同,可是老子又无比清醒而坚定地坚持自己的"道"、守着自己的"道",大有一种"走自己的路,让别人说去吧"的潇洒与超脱。据说当年若不是老子骑着青牛过函谷关时碍于关令尹喜的苦苦哀求,这本上下仅五千言的《道德经》他都不想给世人留下。这是何等的洒脱自在!

南怀瑾先生曾有过一个很有意思的比喻。他把儒家比作粮食店,民以食为天,人人都离不开粮食,所以儒家是入世的思想,统治者需要它来定国安邦,知识分子和普通百姓需要它来维持基本的社会秩序和人际准则。而道家则是药店,也就是说只有生病的人才会到药店买药,等他的病好了,他就不需要这些药了,所以道家是出世的情怀,真正需要它的恐怕是社会中的少数人,那些因为奋斗和努力却频频受挫、汲汲以求却总也得不到的人多半是道家这一药店的常客。

那么,紫气东来的老子为什么要执意徜徉天地之间呢?为什么道家给世人留下了这样一个无欲无求的出世印象呢?让我们红尘做伴活得潇潇洒洒不好吗?为什么要远离红尘、超然天地呢?

(一)道法自然

有物混成,先天地生。寂兮寥兮,独立不改,周行而不殆,可以为天下母。吾不知其名,字之曰道,强为之名曰大。大曰逝,逝曰远,远曰反。故道大,天大,地大,王亦大。域中有四大,而王居其一焉。人法地,地法天,天法道,道法自然。

人法地,地法天,天法道,道法自然。这句话里包含着一个先后顺序以及彼此关系的问题，有一个特别重要的字就是"法"，通俗解释，"法"有效法、取法、受制于、遵循法则等意思。即：人要遵循地的法则，才能得到大地丰厚的滋养；地要遵循天的法则，才能得到四时运行所需的雨露阳光；天要遵循道的法则，才能得到世间万物的和谐秩序；而道归根结底还是要遵循自然的法则，才能得到生生不息的传承和忠实不二的遵奉。

曹魏时期著名的玄学代表人物王弼在其所著《老子道德经注》中，对这句话是这样解释的："法，谓法则也。人不违地，乃得全安，法地也。地不违天，乃得全载，法天也。天不违道，乃得全覆，法道也。道不违自然，乃得其性。法自然者，在方而法方，在圆而法圆，于自然无所违也。"

可见，这个永恒的"道"最终还是要受制于自然的。而自然是什么呢？自然就在天地之间，自然就是人类得以生生不息共存共荣的浩瀚宇宙。如果违背了自然的规律，也就违背了道，也就无法安然长久地存在于天地之间了。

这不禁让我想到一个大家耳熟能详的成语：人定胜天。只是常人往往从人类一定会战胜大自然的角度来看待这个成语，"定"在这里变成了一定、肯定的意思，并且在新中国建立初期曾发挥着不可忽视的作用，然而在"绿水青山就是金山银山"这一科学、及时的生态发展理念下，"定"这个字已经有了新的内涵，那就是"安定"，人民只有安定了，懂得在自然规律许可的范围内来发挥自己的主观能动性了，才能真正实现人与自然的和谐相处。

恩格斯早就指出："我们不要过分陶醉于我们人类对自然界的胜利。对于每一次这样的胜利，自然界都对我们进行报复。每一次胜利，起初确实取得了我们预期的结果，但是往后和再往后却发生完全不同的、出乎预料的影响，常常把最初的结果又消除了。"

在人类发展的历史长河中，人类与自然界的关系一直是人类生存发展所必须面对的问题。如恩格斯所言，在经历了对自然界的开采、掠夺所带来的一系列负面的连锁反应后，人类开始反思与自然界的相处之道。尊重自然、不违背自然规律，在当代文明社会可以说已经形成了一定程度的共识，但是思想上的共识如果没有行动上的支持，将是徒劳的。而习近平总书记提出的绿色生态发展理念"绿水青山就是金山银山"不但有全国范围内的思想上的共识，更有全国范围内的行动上的支持。我们在生态环境保护、生态文明建设方面所取得的成就绝对是有目共睹的，这一点特别了不起！

（二）"三无"境界

> 其安易持，其未兆易谋，其脆易泮，其微易散。为之于未有，治之于未乱。合抱之木，生于毫末；九层之台，起于累土；千里之行，始于足下。为者败之，执者失之。是以圣人无为，故无败；无执，故无失。民之从事，常于几成而败之。慎终如始，则无败事。是以圣人欲不欲，不贵难得之货。学不学，复众人之所过。以辅万物之自然，而不敢为。

上述这段话中可以看到有几个非常重要的关键词：无为、无执、无欲。也就是我们所要说的"三无"境界。无为可以无败，无执可以无失，无欲可以无争。这就是自然之道的主要呈现方式。试问如果能够让一个人长久处于无败、无失、无争的状态，远离世俗的烦恼与愁苦，追寻内心的宁静与淡然，不给社会和他人带来困扰与伤害，会不会对那些经历过世俗的伤害又找不到现实解脱的人有很大的吸引力呢？我曾经一度猜测，老子为什么能够如此超脱地看待这个世界，形成独具一格的道家思想，难道他生命中曾经经历过什么吗？是什么痛彻心扉的经历让他有了大彻大悟的生命体验？因为一个人的思想总是会受他所经历的东西影响的，没有经历大风大浪的人是无法懂得珍惜和感恩的真实含义的，一个整天只知道吃喝玩乐的富家子弟是无法懂得挣钱的辛酸的，所以，我曾一度自认为老子一定是在生命的过程中经历了什么独特的体验，可是囿于有限的历史资料，并没有找到什么特别的东西，唯一确定的是老子曾担任东周王朝的守藏室之史，这个职位相当于现在的图书馆馆长。那么可以推断，老子遍览群书，在书中因为看到了许多人的不同脾气秉性、待人接物的交际之道而引出了各自不同的人生命运，由此悟到了人生的很多哲理，再加上现实生活中因为违背相关的处世原则所带来的消极后果的真实映射，结合自己的思想天赋，能够形成一家之言似乎也在逻辑之内了。

　　实际上，上面这些话只想给读者朋友传递两个意思：一是读书的重要性。所谓开卷有益，书籍的确是人类的好朋友，我们从书中可以看到别人走过的弯路，让自己尽量避免；可以聆听与自己相似的心声，让自己在共情中感受生命的力量；可以找到精神的寄托，让自己在孤独的时候学会享受这份孤独，在失望沮丧的时候获得足够的信心和勇气。因为财富的空虚并不可怕，精神的空虚才是致命的。二是学会思考和善于总结。常言道，一切都是最好的安排，我们生命中所经历的每个人、每件事，不管好的坏的，都有它的意义和价值所在。遗憾的是，并不是每个人都能从失败中总结经验以便于让自己变得越来越好，有些人可能被失败和挫折给打倒了，再也爬不起来了，甚至采取一些极端的方式让自己的未来毁在了自己的手中。如果老子只是单纯地读到书中的思想，没有结合自己的理解来消化内化，那么他读再多的书都只不过是读死书而已。所以学会思考和善于总结是一种能力，让自己比以前更好是一种意识和态度，这种能力和态度绝对重要!

应该说,上述提到的这三个方面是相互交融、彼此关联的,但为了论述的需要,我们姑且从三个方面来分论之:

1. 无为无败

> 道常无为而无不为,侯王若能守之,万物将自化。化而欲作,吾将镇之以无名之朴。无名之朴,夫亦将无欲。不欲以静,天下将自定。
>
> 天地不仁,以万物为刍狗;圣人不仁,以百姓为刍狗。天地之间,其犹橐龠乎?虚而不屈,动而愈出。多言数穷,不如守中。
>
> 致虚极,守静笃,万物并作,吾以观复。夫物芸芸,各复归其根。归根曰静,是谓复命。复命曰常,知常曰明,不知常,妄作凶。知常容,容乃公,公乃全,全乃天,天乃道,道乃久,没身不殆。

上述几段话中,可以明显看到老子无为思想的真正目的,无为是为了无不为。只有通过无为这种手段才能真正达到无不为,世间俗子往往总是通过人为的有为来得到什么获取什么,可最终却往往什么也得不到。遵循自然之道,万物是可以达到自化的,也就是那种天地各归其位、万物自生自化的境界。这种境界自然无败,有为就增加了失败的风险,如果这种有为再掺入人们的奇技淫巧之心,那么失败的结局可以说几乎是注定了的。

所以,老子说:"为学日益,为道日损。损之又损,以至于无为,无为而无不为。取天下常以无事,及其有事,不足以取天下。"

一代权相李斯因为不满足于只是掌管文书的小吏,在被谷仓里的那只硕鼠刺激之下，想尽办法为自己挣一个好的前程，先是拜在名师荀子门下，学成后选择去了国力日渐强大的秦国发展，后来出于嫉妒干掉了同门的韩非子来巩固自己的政治地位，他在秦始皇死后更是"审时度势"投靠到了指鹿为马的赵高麾下。在这一系列的"积极的""有为的"努力和算计之下，他终于将自己送上了"腰斩于市"的不归路。那个曾经辅佐秦始皇统一货币、度量衡和文字的大政治家，那个以郡县制取代分封制的大秦丞相，那个写下传世名篇《谏逐客书》的大文学家，竟落得如此下场，岂不令人唏嘘哀叹！

反观留侯张良，在辅佐刘邦打下江山之后，遵守"功遂身退"的天道，以无为的姿态消解了帝王的猜忌，成功地保全了自己的性命。一代商圣范蠡，在辅佐越王勾践灭掉吴国一雪会稽之耻后，遵守"急流勇退"的自然之理，悠然自得地泛舟海上，过着自然恬淡的生活。历史上这样的例子不在少数，但有意思的是，更多的例子恰是不懂得功遂身退的自然之道而因此惹祸上身甚至丢掉身家性命的"有为之士们"！

无为才能让自己始终立于不败之地，这个道理老子看得实在是通透无比了。可是真正做到的有几人？难怪老子感叹："天下之至柔，驰骋天下之至坚，无有入无间，吾是以知无为之有益。不言之教，无为之益，天下希及之。""是以圣人处无为之事，行不言之教，万物作焉而不辞，生而不有，为而不恃，功成而弗居。夫唯弗居，是以不去。"

是啊，"不言之教，无为之益"，有多少人能真正领会其中的奥妙呢？拿"不言之教"来说，常人在教育孩子时多擅长说教，尤其在面对不听管教的孩子时更是如同打开武器库般运用各种"斧钺钩叉"，想方设法要制服眼前的"神兽"，可是却让孩子耳朵听得都腻烦了，又有多少孩子真的听进去而且不厌烦、不逆反呢？"不言之教"告诉我们，"说"道理虽然是一种很重要的说服方式，但是还有一种方式，在某些时候某些事情上来得更真实、感受更深刻，那就是"做"。父母是孩子的一面镜子，父母的身体力行会潜移默化地影响孩子，有些事与其过多干预影响亲子关系，不如像小马过河那样放手让孩子自己去体验，父母在旁边提供必要的引导即可，话说得越多，恐怕越达不到想要的结果。更让人郁闷的是，还会严重影响甚至恶化双方之间的良好关系，那何不试试老子的"不言之教"呢？

需要指出的是，老子的无为思想是从长远和长久的角度来看的，如果只看眼前，您可能会发现现实生活中老子的思想有很多不通的地方，或者得不到验证的地方，但是如果我们把眼光放得长远些，把问题想得长久些，相信我们看待问题的视角以及后续解决问题的方式会因之而有不同的。

2. 无执无失

代表中华文明的方块字真是一门很有深意的学问。"执"这个字最早见于商代甲骨文，执的古字形像用刑具将一个人的双手铐住。说得真是形象啊！试问世间有多少迷途客因为过于执着地追求着自己想要的东西而不得时那种内心的痛苦和煎熬？难怪佛家说要"破我执"。执着地坚守正义和真理当然没有什么问题，可是执着地追求名利、固执地坚持己见不能悦纳他人真言，只会让自己陷入痛苦的深渊而无法自拔。

无执才能无失，无失才能无苦啊。一味地执着于某一样事物，也许你得到了它，但是你一定也会在得到它的过程中失去了别的东西，有所得就会有所失，这个定律是守恒的。你得到了事业上的成就，也就必然失去与家人一起的欢乐和陪伴；你得到了前呼后拥的明星般的焦点闪耀，也就必然失去生活工作等私密空间的享有与安然；你付出夜以继日般辛苦换来了金钱、名望和地位，也就必然无可挽回地失去身体的康健。同样地，你因为没有挤上地铁而失去了一个重要的面试机会，但同时却得到了与你意外擦肩的美丽爱情；你准备去快乐旅行时因为飞机延误而扫兴而归，却因此躲过了一次飞机坠落导致机毁人亡的可怕劫难；你可能因为走错路而绕了一大圈才到达原先计划好的终点，可在绕的路上却让你意外发现了一处绝美的之前从未发现的风景。

上面我所提到的这些场景绝非杜撰，我相信在现实的生活中，在不同的人身上一直在发生着。生活中的小确幸也好，小懊恼也罢，总是难免会碰到，也可以说这是塞翁失马福祸相依的纠缠，我想问题的关键不在于我们怎么尽力去避免让自己面临一些尴尬不利的局面，因为很多时候这根本不是我们可以决定的，我们更无法预知会遇到什么样的人和事。问题的关键在于你的选择，你选择要什么，就要清楚地知道同时可能会失去什么，进而做好失去它时的心理准备。你选择怎么看待一件事，就要承担相应行为所导致的可能后果。老子很清楚自己的选择，他选择了乘风于天地之间，也就无惧别人投来的异样目光，无惧成为别人茶余饭后的消遣与怪诞。在名利上的无执，让老子在德行修为上自然无失，他唯一的"执"就是执着地坚守"道法自然"之理，且终生奉之行之。作为读者的你，是如何选择的呢？

老子还说："不出户，知天下；不窥牖，见天道。其出弥远，其知弥少。是以圣人不行而知，不见而名，不为而成。"圣人怎么做到不行而知、不见而名、不为而成的呢？其实，大道至简，真正的道理都是极其质朴的，可偏偏世人常常不信，定要出去闯出自己的一番事业来，闯到后面，在经历了成功失败荣耀屈辱、历尽了繁华与落寞后，终于参透了人生，原来平平淡淡才是真，平安健康就是福。什么金钱啊名望啊地位啊，啥都不如健康的身体和家人的陪伴。所以，为了避免这种历经世事不过又回到原点的可以不必走的弯路，老子很早就很清醒地作出了自己的选择，不会走这条世俗常走的路，他要走一条属于自己的路，哪怕无人问津，哪怕无人同行。这是老子的选择！

当然，对于世俗中的我们而言，也许我们做不到像老子那样如此的清醒和洒脱，但是我们可以这样要求自己：在经历坎坷与挫折时，尽量保持清醒和洒脱。我们既不能否认那些曾经的苦难和过往，也不能因为惧怕这些苦难和过往而一味逃避，因为失败和泪水都有它的积极意义和正向价值，不经历这些痛苦，如何换得参透之后的轻松与淡然。所以，不否认苦难，不惧怕挫折，经历的苦难和挫折越多，我们的心理会随之变得更加强大，我们的能力也会因之而得到迅速提升，所以，苦难与挫折实在是我们人生的挚友，助我们成长的"利器"。

老子之所以如此地执着于"无"，而不是"有"，是因为他还看到了常人看不到或关注不到的事物的另一面，而这一面恰恰有着神奇的力量。关于事物的两面性的话题，我们后面讲到辩证法时还会细说，在此先抛砖引玉。

　　三十辐共一毂，当其无，有车之用。埏埴以为器，当其无，有器之用。凿户牖以为室，当其无，有室之用。故有之以为利，无之以为用。

常人多只关注车子上可以看得到的零部件，并且或珍惜或维护来让车子的使用价值发挥到最大。同样，一件器皿、一座房子，人们多关注的是它有形的可见的部分，至于其中空空的地方，谁会注意到它们的存在和价值呢？但是，老子就是这样的一个独特的存在，他总能以清醒冷峻的那份犀利的眼神看到事物发展过程中不为人所注意的另一面，通过对看似"无"的另一面的充分运用，来引导我们的精神世界和现实生活相匹配相协调。

　　生活中那些很容易被我们忽视的空气、阳光，曾一度让我们忘记了环境是多么的重要，一味开采所带来的后果让我们终于认识到能够自由地呼吸一口新鲜的空气，享受一下温暖的阳光，实际上并不是理所当然的，人类要学会珍惜啊！人类难免要面对疫病等灾难，我相信这也会让更多人认识到与维系人类生存发展的地球和谐相处是多么重要！除了空气阳光，还有围绕在我们身边的亲情爱情，这些关乎人类的种种情感，虽看不到，却无比重要，可总有人为了金钱、地位那些有形的诱惑而忽略了身边这些无形的看不见的却失去很难再回来的人类至情。因此，让我们也具备一双慧眼吧，多去关注一些我们平常不太关注的人和事，善待身边的人和事，那么无论你作出了什么样的选择，即便有所失，能做到这一点就不会让你走得太远。

3. 无欲无争

　　　　五色令人目盲，五音令人耳聋，五味令人口爽，驰骋畋猎令人心发狂，难得之货令人行妨。是以圣人为腹不为目，故去彼取此。

好一个"为腹不为目"！

在老子看来，五色五音五味这类可见的有形的诱惑，是极其危险的，常人一个不小心，就会掉入这个充满声色犬马的陷阱中去，欲望一旦被激起，就如同一匹脱缰的野马，欲望得不到满足就必然会引起纷争，纷争必然会带来麻烦与困扰，甚至祸患与危险，而想要控制这个强大的欲望，除了让其陷入深深的绝境来激发他置之死地而后生的顿悟之外，一般的方法已经无法奏效了。赌徒不正是这样的一种状态吗？刚开始尝到了赢钱的短暂快乐之后，激发起想要赢更多的欲念，可十赌九输的结局让他反而越陷越深，在付出了与家人决裂、亲人远离、衣食无着的惨痛代价后，智慧的人懂得从中吸取教训，浪子回头，可并不是每个人都能做到这么智慧，有不少人终生就这样潦倒颓败下去了，成为一坨永远扶不上墙的烂泥。呜呼哀哉，好好的一个人，就这样被欲望给毁了。

何止赌徒，世间好名好利之人，其欲望之烈何曾低于赌徒呢？因举鼎绝膑而死的秦武王，不就是一个好名之徒吗？眼睛里只看到金子看不到旁边的人的那个齐国人（齐人攫金），遇物即攫之的那个晋国人（晋人好利），利欲熏心的他们已经到了利令智昏的地步了，却仍不自知，直到被捕的那一刻，岂不可笑？

因此，老子看尽了世间的荒唐人、荒唐事，警示大家"为腹不为目"，把肚子填饱就好，不要生出一些额外的超过自己能力的不当欲望，否则只会把自己带入无边的黑暗之中。其实，正常的欲望是没有问题的，衣食住行这些满足人们基本生活所需的生活资料都是可以追求的。习近平总书记一直强调：我国社会主要矛盾已经转化为人民日益增长的美好生活需要与不平衡不充分的发展之间的矛盾。也就是说，人民有权利追求美好幸福的生活，除了满足基本的生活外，还可以在温饱的基础上追求小康，可见，只要我们努力，通过自己的合法诚实的劳动，我们当然有权利过上更加美好的生活。这与南宋著名理学大家朱熹所倡导的"存天理，灭人欲"实际上是一个意思，"饮食者，天理也；要求美味，人欲也"，只不过后世学者断章取义认为应该把人的正常欲望也要禁锢，就曲解了朱老夫子的意思了，天理里自然包含人们的正当且正常的欲望，要灭的是那些超过合理范围、超越法律道德界限的不恰当的欲望。"祸莫大於不知足，咎莫大於欲得。"此言甚是啊！

信言不美，美言不信；善者不辩，辩者不善；知者不博，博者不知。圣人不积，既以为人，己愈有；既以与人，己愈多。天之道，利而不害。圣人之道，为而不争。

不尚贤，使民不争；不贵难得之货，使民不为盗；不见可欲，使民心不乱。是以圣人之治，虚其心，实其腹；弱其志，强其骨。常使民无知无欲，使夫智者不敢为也。为无为，则无不治。

以正治国，以奇用兵，以无事取天下。吾何以知其然哉？以此：天下多忌讳，而民弥贫；民多利器，国家滋昏；人多伎巧，奇物滋起；法令滋彰，盗贼多有。故圣人云："我无为而民自化，我好静而民自正，我无事而民自富，我无欲而民自朴。"

老子多次强调无欲才能无争的自然之道，欲望会让人们在满足欲望的过程中彼此倾轧、引发纷争，甚至带来更大的灾难。试问发生在人类历史上的几乎每一次战争，有哪一次不是因为发动战争一方想要占领拥有另一方的强烈欲望呢？人与人之间的小的纷争倒还不算什么，大不了一命抵一命，用付出生命的代价来体会生命的意义，注定会成为某些人的行动逻辑，但是国与国之间的战争就太可怕了。所谓"兴，百姓苦；亡，百姓苦"。无论战争的动机是什么，最终受伤害的始终是可怜的老百姓，这也就难怪中国墨家代表人物墨子为何如此非攻反战了。德国大思想家康德的《永久和平论》同样也是表达了类似的理念，因为他们深知战争，由无边的欲望所催发出来的可怕的战争会把人类社会带到什么样的境地，想想二战时期的原子弹，核辐射带给全人类的可怕灾难，人类真的应该好好反思自身的行为，控制过度的欲望，珍惜美好的生活。

 三 三生万物极必反

> 道生一，一生二，二生三，三生万物。万物负阴而抱阳，冲气以为和。

这段话中，有几个数字很有意思，即一、二、三，关键是对三这个数字的解释，有的把三解释为天地人三才，有的说是个虚数，没有太大意义，在我看来，每个数字都有它独特的意义。"一"是从"无"到"有"的质变，"二"是与"有"相应的另一面或者对立面，"三"是"有"与它的对立面相生相克而形成的一种新的事物，而所谓"三生万物"，也就意味着万物的生发变化都是遵循着前面的这个逻辑而逐步推衍出来的。

这个由一生万物的过程，暗含了至少三个运行于宇宙天地之间的规律：一是量变与质变的规律；二是物极必反（对立统一）的规律；三是否定之否定的规律。对了，熟悉辩证法的读者们一定会说，这不就是黑格尔提出的辩证法的三大规律吗？是啊！远在两千多年前的春秋时期，老子就已经将这些光辉的思想和哲理蕴含在《道德经》里了，这怎不让人叹服啊！

（一）无中生有——量变质变的规律

老子的思想境界既是战略性的、宏大的、超然的，同时又是细微的、精刻的、具象的，他可以看到一滴水的微言大义，也可以站在宇宙的视角来思考道法自然的天地之道，"天下万物生于有，有生于

无"。当量变积累到一定程度的时候，不就发生质变了吗？质变作为事物本身发展的一种飞跃，是事物发展的全新阶段，因此，老子认为，"无"是事物本身的一种状态，当事物随着时间不断发展的过程中受环境的影响而不断调整改善自身，当这种调整达到一定程度，事物就发生了质变的飞跃了。

众所周知，达尔文的"物种起源论"就充分地论证了这一发展逻辑：地球上的生命，从最原始的无细胞结构状态进化为有细胞结构的原核生物，从原核生物进化为真核单细胞生物，然后按照不同方向发展，出现了真菌界、植物界和动物界。植物界从藻类到裸蕨植物再到蕨类植物、裸子植物，最后出现了被子植物。动物界从原始鞭毛虫到多细胞动物，从原始多细胞动物到出现脊索动物，进而演化出高等脊索动物——脊椎动物。脊椎动物中的鱼类又演化到两栖类再到爬行类，从中分化出哺乳类和鸟类，哺乳类中的一支进一步发展为高等智慧生物，这就是人。

整个自然界遵循着这样的规律，自然地，人世间的很多事情同样也受到这一规律的制约。积少成多，循序渐进，潜移默化，耳濡目染等等人类所发明的词语，不都是量质互变的衍生过程吗？

那么，懂得了这个规律，对于我们个体会有什么样的指导与帮助呢？

1. 凡事开头最重要

这句话是柏拉图在《理想国》里说过的一句话，他在论证那些幼小稚嫩的生物时强调了这句话的重要性。因为在事物发展的初期，对事物的改变与塑造相对于事物发展的中期、后期来讲自然是容易的，你想把他塑成什么形式就能塑成什么形式。比如一棵小树苗，你把它放在弯曲的盒子里培养，它将来长大就是弯曲的形状。奥地利有位艺术家曾耗费 20 年时间创造出树枝自然生长而成的树椅子。诸如此类的还有方形的西瓜，其中的原理都是一样的，把模具套进去，让植物朝着你想要的形状去长，然后它真的就长成了你期待的样子。很神奇吧，其实就是老子所说的这个规律在发挥作用。

那么，这一规律更为普遍的应用，我想在孩子身上体现得会最明显。在孩子生命的早期，如果不把一些好的习惯让他树立起来，等到孩子大了，再想着去培养，不是说不能，至少很难，需要花费更大的精力与时间。我们还可以举个最简单的物理现象，我们多数人肯定有过这种体验，刚喝完粥的碗用水轻轻一冲就干净了，但若是放上一段时间，再去刷的时候，留在碗上的黏黏的东西已经变硬了，想要刷掉就需要费些力气了。所以，从"刷碗"这件小事上可以看出，越是在事物发展的早期进行积极的及时的干预和引导，就越能掌握较大的主动权和控制权。

2. 学会见微知著

《管子·强国》里说："积微：月不胜日，时不胜月，岁不胜时。"那些细微细小不容易引人注意的苗头或征兆，经历日复一日的积累与强化，如同滚雪球一般，早已不是从前的状态和力量了，正向的力量如此，反向的力量亦如此。所以，能够通过观察到事物在微小细弱状态下的发展变化，并由此预见到未来一段时期内事物的发展方向与轨迹，这可是一种能力的体现啊！

由此，我想起了英国首相撒切尔夫人曾经说过的一番话，与各位共勉：

> 小心你的思想，因为他们会成为言辞；
> 小心你的言辞，因为他们会成为行为；
> 小心你的行为，因为他们会成为习惯；

小心你的习惯，因为他们会成为性格；

小心你的性格，因为他们会成为命运。

思想作为源头自然非常重要，在日后积渐以进、积微成显的时光中，那个最初的不引人注意的思想或念头就这样一步步占据了人的语言、行为、习惯、性格，乃至最终的命运。蝴蝶效应也是遵循这一逻辑，一颗强大的内心、坚定的意志可以由此得到锻炼，一个脆弱的内心、病态的人格也可以由此衍生出来，《中庸》里提到的"知远之近，知风之自，知微之显"正是这个道理！

（二）物极必反——对立统一的规律

反者，道之动；弱者，道之用。这是我超级喜欢和佩服的一句话，老子把事物发生发展的规律看得实在是通透！"故有无相生，难易相成，长短相较，高下相倾，音声相和，前后相随。"事物相反相成，这是道的运动，任何人和事物永远都是处于运动之中的，所谓变化即永恒。那么，当事物一直处于运动状态的时候，就像庄子说的："人莫鉴于流水而鉴于止水，唯止能止众止。"我们要怎么掌握主导权呢？这就涉及了第二句话，弱者道之用。既然事物都由相反相成的两面所构成，有好的就会有坏的，有利就会有弊，那么让自己处于看似弱的、坏的不利的局面，等待时机，韬光养晦，当机会来临时就勇敢地抓住它，这就是道的运用，这就是以柔弱胜刚强的运行逻辑。我们分述之：

1. 物极必反——反者道之动

> 物壮则老，谓之不道，不道早已。
>
> 大道废，有仁义；智慧出，有大伪；六亲不和，有孝慈；国家昏乱，有忠臣。
>
> 曲则全，枉则直，洼则盈，敝则新，少则得，多则惑。是以圣人抱一，为天下式。不自见故明，不自是故彰，不自伐故有功，不自矜故长。夫唯不争，故天下莫能与之争。古之所谓曲则全者，岂虚言哉！诚全而归之。

老子的思维真是太独特了。物壮则老，月盈则亏，这个道理我们一般人都能理解，但是后面说的大道被废是因为仁义，六亲不和是因为孝道之类的表述，一般人表示不能理解了。实际上，老子想表达的意思是什么呢？就是想告诉我们事物都是有其对立面的，我们姑且称之为正面和反面吧，正面的存在必然导致反面的产生，反面的产生恰恰源于正面的存在，两者相互纠缠、相互依存。就因为大家把孝顺长辈的行为标榜为孝道，使得人们同时也就知道了不孝的行为是什么，正如"天下皆知美之为美，斯恶已；皆知善之为善，斯不善已"。标榜了什么是美，给美和善树立了标杆，那么自然地，与这些标杆对立的行为就是它们的反面了。从这个意义上讲，那些奸诈、无德、大伪等反面的出现不就是因为有仁义、智慧等正面的存在吗？这样来看老子的话，是不是就便于理解些呢？不过老子因为看到正面反面相互纠缠，为了杜绝反面的存在，就连正面也通通都抛弃掉，这显然也是走入极端了。关于这一点我们后面再细讲。

> 其政闷闷，其民淳淳；其政察察，其民缺缺。祸兮福之所倚，福兮祸之所伏。孰知其极？其无正。正复为奇，善复为妖，

人之迷，其日固久。是以圣人方而不割，廉而不刿，直而不肆，光而不耀。

政治宽厚清明，人民就淳朴忠诚；政治苛酷黑暗，人民就狡黠、抱怨。福祸本来相倚相生，哪有什么看得见的标准可以遵循呢？正忽然转变为邪的，善忽然转变为恶的，人们的迷惑，由来已久了。要想对抗这种物极必反的铁律，唯一的办法就是像圣人那样，方正而不生硬，有棱角而不伤害人，直率而不放肆，光亮而不刺眼。也就是守住一个"度"，凡事不要过，不要超越那个临界的点，自然就不会有太大的偏差。可是，现实生活中，总有人超越了这个度，君不见因为一个青椒引发的血案吗？两个素不相识的人菜场买菜，因为偷拿了一个青椒被发现，追逐过程中引发争执导致命案发生。君不见因为一次抢行引发的路怒症吗？相比于国外拿枪对射的级别，国内拎着斧子、钢管互殴看来不算大场面了，"打赢蹲牢房，打输进医院"的双输结局丝毫不会吓怕愤怒中的双方。语言的管理、行为的管理、情绪的管理，背后都有一个度的问题，超过这个度，这个安全的界限，后面的事情就不可测了，真的发生了恐怕常常要追悔莫及。所以，物极必反，慎之慎之！

2. 守弱用柔——弱者道之用

人之生也柔弱，其死也坚强。万物草木之生也柔脆，其死也枯槁。故坚强者死之徒，柔弱者生之徒。是以兵强则不胜，木强则折。强大处下，柔弱处上。

天下莫柔弱于水，而攻坚强者莫之能胜，其无以易之。弱之胜强，柔之胜刚，天下莫不知，莫能行。是以圣人云，受国之垢，是谓社稷主；受国不祥，是为天下王。正言若反。

老子通过观察万能的自然界，发现一个奇特的现象，比如某些生物在活着的时候，身体是柔软的有温度的，而死了以后身体就变得僵硬僵直，由此，他感慨道，那些表现"坚强"的事物往往都是通向死亡的路径，而那些表现"柔弱"的事物却常常得以存续生命。这不就是以弱胜强、以柔克刚的道理嘛！

三国时魏国文学家李康在《运命论》里也说："故木秀于林，风必摧之；堆出于岸，流必湍之；行高于人，众必非之。前鉴不远，覆车继轨。"

历史上以弱胜强的战争、事件何其多啊！越王勾践卧薪尝胆的故事相信大家不陌生，韬光养晦老鼠吃象的例子也不曾少，一味高调不懂得适时示弱反受其害的案例，现实生活中比比皆是。不论是理论还是现实，都告诉我们，哪怕你再强大，如果不懂得适时战术性的"示弱"，总是保持着高调的姿态与气势，那你真的就在"自寻死路"了。

将欲歙之，必固张之；将欲弱之，必固强之；将欲废之，必固兴之；将欲夺之，必固与之，是谓微明。柔弱胜刚强。鱼不可脱于渊，国之利器不可以示人。

大成若缺，其用不弊。大盈若冲，其用不穷。大直若屈，大巧若拙，大辩若讷。躁胜寒，静胜热。清静为天下正。

大国者下流。天下之交，天下之牝。牝常以静胜牡，以静为下。故大国以下小国，则取小国；小国以下大国，则取大国。故或下以取，或下而取。大国不过欲兼畜人，小国不过欲入事人，夫两者各得其所欲，大者宜为下。

既然柔弱可以产生如此强大且不引人注意的力量，那么，要想战胜那些看似强大的事物，最好的办法就是让它"更强大"！可能读者朋友会觉得很奇怪，让它更强大不就更难应对了吗？其实一点也不奇怪，那些看似强大的人和事物（事物的背后还是人在操控），在获取了更为强大的力量后，心理是会发生微妙的变化的，就像王阳明说的人生大病的那个"傲"字，人的这个傲如果自己不加以克制和约束的话，是很容易野蛮生长的，所以多数人在自己变得更加强大后，就要飘到天上去了，觉得自己无所不能了，自然也就忽略身边的危险了，这个危险对于"弱者"就是绝好的机会了，这也正是"将欲弱之，必固强之"的道理。西方也有一句谚语："上帝让谁灭亡，必先让其疯狂。"生于忧患，死于安乐，宜深味之。

（三）冲气以和——否定之否定的规律

阴阳交化而生，冲气以为和。事物的两个对立面在相互纠缠影响的过程中，就产生了一个新的事物，达到一种新的和谐与平衡，类似于否定之后的否定。事物永远是向前螺旋式发展和递进的，当事物的正面发展到一定程度时，就会出现它的反面。同样，当反面的发展积累到一定程度时，就会出现反面的反面，但这个反面的反面已经不是之前的正面了，是一个全新的正面。然后再发展，进入新一轮的否定之否定的循环往复的过程。

也许大家听起来会觉得有点懵，但事物发展的逻辑确实如此。任何新生事物在发展的初期往往都表现出它无可替代的明显的优势。以官僚制为例，在取代靠恩赐和世袭获得权力和利益的制度时，官僚制有着无可比拟的优越性，科学选才、科学招录，因事设职，打破阶级垄断，等等。随着时间的推移，官僚制的优势在制度步入正轨之后开始出现不能处理的例外情况，"话难听、事难办"的倾向逐渐积累。而随着这些例外的日益增多，优势慢慢变成了劣势，当劣势积累到一定程度，引发民众不满时，便通过否定的否定来重新调整和改革，使之更符合人们的需求。不过此时的事物早已不是最初的样子了，是经历了否定之否定后的"二代产品"，然后进入下一个循环。

只不过，老子的处理方式有些独特和决绝，在关乎民众利益和社会秩序方面，他作出了釜底抽薪式的宁缺毋滥的决定，也就是把好的坏的通通都抛弃掉。例如：

绝圣弃智，民利百倍；绝仁弃义，民复孝慈；绝巧弃利，盗贼无有。此三者，以为文不足，故令有所属，见素抱朴，少私寡欲。

道德仁义、聪明才智要通通舍弃，这样，它们的对立面奸诈狡伪才无从生起，没有了坏的东西以激起人们的机巧之心，那么百姓也就回归淳朴自然，民风也就淳厚无欺了。实际上，老子这样的处理方式也是无奈之举，因为事物既然是相因相成的，有一面必然会有另一面，单纯地保留一面而舍弃另一面是做不到的，只有把二者都舍弃，才能将坏的那一面彻底消除。但问题就在于社会是向前发展的，无论如何，老子口中所说的那个"鸡犬之声相闻，民至老死不相往来"的小国寡民的状态是无法实现的，现代社会信息技术的迅猛发展更是让人与人之间的互联互通日益便捷。包括老子前面提到的无欲无争等方面，道理也是一样的，人无法做到没有欲求，人非草木，岂能无情？人非机器，岂能无欲？如牛马悠然漫步于原野的那种自然而野蛮的状态，只能是一种空想了。欲求还是会有，而且一定会有人因为欲求的不合理而付出相应的代价；好的与坏的还是会相伴而来，也一定会有人因为没有把握好那个度而让好坏带来祸福的瞬息转变；执念还是存在，也一定会有人因为固执地抱有某些不当的念头而让自己陷入深渊与黑暗之中。

可是，难道老子不知道这些吗？当然不是，老子的智慧和思维远远超出常人，他自然清楚得很。他自己也曾感叹："吾言甚易知，甚易行，天下莫能知，莫能行。"他知道天下人是做不到的，他知道自己是做得到的，他只是把他自己知道且能做到的展示给世人看，至于世人相不相信、愿不愿意，那是世人的事情，与老子何干？所以，老子出关以后，就那么义无反顾地自在逍遥去了，何曾管过人间是非曲直呢？

综上，关于老子的思想我们基本上就研读这么多了，但是，还有一点是需要特别提及的，就是关于老子思想的现实意义的问题。其实，几年前深读《道德经》时，我一直觉得老子的道家思想很厉害，甚至是比儒家还要高明的一种思想，直到读了《王阳明全集》之后，才发现自己的这个想法果然不成熟。阳明子早年也曾沉溺于佛老之说，后来亲身实践后始知儒学才是正学，如他所言，"夫杨、墨、老、释，学仁义，求性命，不得其道而偏焉，……"一个"偏"字，就道出了儒家与其他学派的根本不同。人生在世，总会遇到一些坎坷与挫折，在面对这些挫折的时候，各派的态度虽谓各有不同，却殊途同归。杨派主张全然为我，心中哪还有他？墨派倒是提倡兼爱非攻，可如何兼爱，爱无所出，所爱何来？无怪乎昙花一现！老氏强调清静自守，潇洒的刍狗之心只换得了自己的自在逍遥；释氏旨在究心性命，四大皆空，一切都不过是梦幻泡影，俨然一副两眼不观世间事的超凡姿态，追求的是"放下屠刀立地成佛"的自我境界；唯独儒家一派，哪怕"世事虐我千百遍"，依然以"我待世事如初恋"的姿态积极投身于社会和人类的发展之中，不管遇到什么样的困难和挫折，都乐观积极地去努力践行，绝不退缩，绝不被困难吓倒，竭尽所能用自身的言行来为人类社会创造一个更美好的未来，并以此为己任。所以，这才是"正学"，这才是生而为人的每一个个体都应该履行的社会责任！笔者深以为然，与读者诸君共勉！

老子的道家思想虽失之在偏，但老子的那份洒脱与淡然，也就是遇到困难乐观恬淡的态度和那种无为无不为的睿智低调的姿态却是当今国人所要学习的。简而言之，以超脱的心做入世的人，这样的人生应该别有一番风采吧！

四 学习方法与参考资料

学习方法：背诵为首、践行为要。

《道德经》全文不足五千字，通读一遍并不需要太多时间，关键是理解。若要更好理解老子的思想，除了要结合较为权威的注释译文之外，还要结合自身在现实生活中遇到的相关问题来进行验证，达到理论与实践的有效结合，这样的理论才是有生命力的，这样的实践才是有针对性的。

当初语言怪才辜鸿铭曾提及自己幼时被父母逼着背四书五经，因当时年幼不懂其中道理，但随着年龄的增加和阅历的增长，有一次因为遇到一件事，脑海里突然就"蹦"出来曾经背过的一句话，这句话用在这件事上恰到好处。由此，理论与现实得到了完美的结合和检验，随后很多经典一通百通，渐渐让他悟到了很多先哲遗留下来的知识背后的东西。可见，背诵是第一步，亲身实践是极为重要的第二步。有了这两步，原先停留在书本上的一个一个"死"的知识点也就变成了可以直接运用在现实生活中的"活"的智慧了，岂不妙哉！

参考资料：

（1）钱穆.庄老通辨[M].北京：生活·读书·新知三联书店，2016.

（2）老子《道德经》注释版本不少，可参看河上公、苏辙、王弼、范应元等前人较为权威的校注，并结合今本更为通俗易懂的译文，如李若水、高文方、董原等译本。

（3）《史记·老子韩非列传》虽着墨不多，但对我们了解老子思想还是有帮助的，读者可读之。

思考题：

1. 如何让自己具备像老子那样的一双慧眼呢？
2. 遇到某些挫折时，如何能把老子的那份洒脱与淡然学以致用呢？
3. 对于那些有点本事就傲娇、就嘚瑟的人，您怎么看？
4. 如何以超脱的心做入世的人呢？

名言欣赏：

1. 天地不仁，以万物为刍狗；圣人不仁，以百姓为刍狗。
2. 天下皆知美之为美，斯恶已。皆知善之为善，斯不善已。
3. 多言数穷，不如守中。
4. 希言自然。故飘风不终朝，骤雨不终日。
5. 知人者智，自知者明。胜人者有力，自胜者强。知足者富。强行者有志。不失其所者久。死而不亡者寿。以其终不自为大，故能成其大。
6. 夫礼者，忠信之薄，而乱之首。
7. 大白若辱；大方无隅；大器晚成；大音希声；大象无形。
8. 甚爱必大费；多藏必厚亡。故知足不辱，知止不殆，可以长久。
9. 道生之，德畜之，物形之，势成之。是以万物莫不尊道而贵德。

10. 图难于其易，为大于其细。天下难事，必作于易；天下大事，必作于细。是以圣人终不为大，故能成其大。

11. 民之从事，常于几成而败之。慎终如始，则无败事。

12. 我有三宝，持而保之。一曰慈，二曰俭，三曰不敢为天下先。

读书感悟：

_____

_____

_____

_____

_____

重启智慧的历程

《资治通鉴》导读

◎ 王树江

  《资治通鉴》是中国第一部编年体通史,也是中国历史上最权威、最重要的编年体通史。要系统理清中国历史,都历经了哪些朝代兴衰,出现过哪些历史事件,就一定要读它。作为一般读者,阅读《资治通鉴》,能够汲取到丰富的历史信息。作为一本记述了16朝历史的著作,载录了帝王治国理政思想、历史人物功过得失的警示,以及各朝代发生的重大事件、地理的变迁等等。丰厚饱满的历史故事、浩瀚沉重的历史痕迹,在翻阅书籍的过程中一步一步展现出来,其中蕴含的智慧经验对于提升个人修养来说有着极大的帮助。另外,在阅读中也能增强个人的洞察力和观察力。今天是历史的延续,一个人越是了解到更多珍贵、有益的信息,就越能够从这些信息当中汲取到指导我们现实生活的内容。王朝更迭,命运轮回,通过对我们自己所处时代的反思,既可以看到自身时代背景的幸运,又能反观自己的局限和不足,继而进行改进。鬼谷子说过,"反以观往,复以验来;反以知古,复以知今",就是这样的道理。

  对于年轻一代的大学生来说,在网络快餐文化充塞头脑的现状下，沉下心来阅读《资治通鉴》，激发的是心灵的浸润和启迪，带来的是头脑的丰盈和清晰，也将为完善人格提供丰富的精神养料。同时，系统地阅读《资治通鉴》，能够搭建我们认识世界的历史观和哲学观，对于强化大学生的头脑具有重要助益。

一　司马光与《资治通鉴》

司马光（1019—1086），字君实，号迂叟。北宋陕州夏县涑水乡（今山西夏县）人，出生于河南省光山县，世称涑水先生。司马光是北宋政治家、文学家、史学家，历仕仁宗、英宗、神宗、哲宗四朝。司马光为人温良谦恭、刚正不阿，其人格堪称儒学教化下的典范，一直受人景仰。司马光的主要成就反映在学术上，其最大的贡献莫过于主持编纂《资治通鉴》。

《资治通鉴》是我国最大的一部编年体通史，全书共二百九十四卷，通贯古今，上起战国初期韩、赵、魏三家分晋（公元前403年），下迄五代（后梁、后唐、后晋、后汉、后周）末年赵匡胤（宋太祖）灭后周以前（公元959年），凡一千三百六十二年。作者把这一千三百六十二年的史实，依时代先后，以年月为经，以史实为纬，顺序记写；对于重大的历史事件的前因后果，与各方面的关联都交代得清清楚楚，使读者对史实的脉络能够一目了然。

司马光撰《资治通鉴》，共费时十九年，自英宗治平三年（公元1066年），至神宗元丰七年（公元1084年）。他在《进资治通鉴表》中说"日力不足，继之以夜"，"精力尽于此书"。可见司马光为此书耗费了巨大的心血。书名的意思是："鉴于往事，资于治道。"司马光在编纂这部史书时有三位得力的助手。

刘攽，小司马光四岁，是北宋著名的汉史学者。史书上评价这人"为人疏隽，不修威仪，喜谐谑，数招怨悔，终不能改"。就是说他放达超逸，不修边幅，喜欢开玩笑，搞恶作剧，曾经多次被人记恨，也不悔改。但因参与编纂《资治通鉴》而被人称道。

刘恕，小司马光十三岁，是司马光的学生。司马光离开京都后，刘恕受到牵连到江西赣州任职。为了讨论《资治通鉴》，刘恕每次都要长途跋涉来到司马光驻地，往返需要三千多里。编纂《资治通鉴》涉及的资料繁多，司马光派他到一位藏书大家家中去阅读资料、搜集信息。书不方便带走，刘恕便夜以继日地抄写，因为用眼过度，后期几近失明。

范祖禹，小司马光二十二岁。他双亲早亡，由叔祖范镇抚养成人。司马光与范镇为莫逆好友，故选范祖禹参加编纂工作。初来乍到之时，范祖禹没什么名气，年轻气盛，陋习不少，经过司马光的耐心指点，才逐渐改变旧习，此后专注修书十五年。

司马光对团队的分工是：刘攽主要分修两汉；刘恕分修魏晋南北朝及五代；范祖禹主修唐史。胡三省在《新注资治通鉴序》中点评这个团队说："修书分属，汉则刘攽，三国讫于南北朝则刘恕，唐则范祖禹，各因其所长属之，皆天下选也。"

为何编纂《资治通鉴》呢？"自少已来，略涉群史。窃见纪传之体，文字繁多，虽以衡门专学之士，往往读之不能周浃，况于帝王，日有万机，必欲遍知前世得失，诚为未易。窃不自揆，常欲上自战国，下至五代，正史之外旁采他书，凡关国家之盛衰，系生民之休戚，善为可法，恶为可戒，帝王所宜知者，略依《左氏春秋传》体，为编年一书，名曰《通志》。其余浮冗之文，悉删去不载，庶几听览不劳，而闻见甚博。"上述便是司马光编纂《资治通鉴》的通行说法，道理很平实，就是希望皇帝能鉴往知来，将国家管理好。但是千古文章，留下的却是博大精深的宝库，不同时代的人可以看到不同的精华，不同领域的人领悟的是不同的道理。名著往往具备这种贯通今古仍熠熠生辉的价值。

历代文人士大夫对《资治通鉴》评价都很高。宋末元初胡三省评价此书："为人君而不知《通鉴》，则欲治而不知自治之源，恶乱而不知防乱之术；为人臣而不知《通鉴》，则上无以事君，下无以治民；为人子而不知《通鉴》，则谋身必至于辱先，作事不足以垂后。"清代顾炎武《日知录·著书之难》：(《资治通鉴》和《文献通考》)"皆以一生精力成之，遂为后世不可无之书。"清代学者王鸣盛："此天地间必不可无之书，亦学者必不可不读之书。读十七史，不可不兼读《通鉴》。《通鉴》之取材，多有出正史之外者，又能考诸史之异同而裁正之。昔人所言，事增于前，文省于旧，惟《通鉴》可以当之。"清代曾国藩："窃以先哲惊世之书，莫善于司马文正公之《资治通鉴》，其论古皆折衷至当，开拓心胸。"

 二、作品的内容及结构介绍

《资治通鉴》是一部编年体的著作。简单来说，编年体就是按照时间的顺序进行撰写的，而不是以人物为维度进行撰写。这一点，与《史记》有着根本的不同。黄石公在《素书》当中说过，推古验今，所以不惑。作为帝王，要治理国家，要让百姓安居乐业。由于所有的权力都集中于一人手上，如果帝王的决策出现错误，那么会造成千万的百姓随之而遭殃，进而动摇了国家的稳定、皇权的继承。正是出于这样的意图，宋神宗注重历史，希望能够从历代帝王的治国理政思路当中得到启发和借鉴。而司马光的《资治通鉴》，也正是起到了这样

的作用。

作为一本编年体的历史著作,上起周威烈王二十三年(公元前403年),下迄后周显德六年(公元959年),涵盖了1362年的历史。这当中经历16个朝代的更迭,数以万计的人物先后出现。全书293卷,共300多万字。而历代名家,又在不同的程度上对这本书进行了批注,最著名的要属元代的胡三省。胡三省的注释翔实,对于阅读这部巨著,有着极大的帮助。

全书按朝代分为十六纪,即《周纪》五卷、《秦纪》三卷、《汉纪》六十卷、《魏纪》十卷、《晋纪》四十卷、《宋纪》十六卷、《齐纪》十卷、《梁纪》二十二卷、《陈纪》十卷、《隋纪》八卷、《唐纪》八十一卷、《后梁纪》六卷、《后唐纪》八卷、《后晋纪》六卷、《后汉纪》四卷、《后周纪》五卷。

司马光与其助手通过对历史的描述与归纳,总结出了能够对帝王治理国家有所帮助的经验。可见,《资治通鉴》第一层次的读者是帝王。但是古今中外却有更多的人重视并阅读《资治通鉴》,从中汲取历史的教训,获得人生的启发。

 **作品的精华和深度解读**

《资治通鉴》并不是一本枯燥的历史书,而是细节饱满、评述深刻的典籍,里面有太多值得细细品读和研究的历史风云。因此,《资治通鉴》这部著作有几个典型的特点可以总结。

（一）人物鲜明

在一般人的印象里，正史中的帝王将相都是一副威严高大的模样。但《资治通鉴》里不是这样的，帝王都充满性情。除此之外，名臣、良将、奸雄、佞幸也是各具特色，同时也没有忽视其他各色人物，名士、隐者、游侠、小吏，或风骨峭峻，或生死无惧，或一诺千金，或亲厚感人，鲜明而充满魅力。司马光从各种史料中发掘他们的事迹。文死谏，武死战，父严母慈，兄友弟恭，让读者肃然起敬，叹为观止。对于奸佞、乱臣、酷吏、禄蠹，司马光则秉笔直书。其指鹿为马、祸国殃民、荼毒生灵、倾覆社稷，凡之种种，让读者悲愤难当、掩卷深思。《资治通鉴》所要弘扬的正是华夏民族五千年以来的文明传统，正是"仁、义、礼、智、信"。以下略举几例。

1. 明鉴的帝王

历代史书像流水账一样罗列帝王的事迹。但在《资治通鉴》里，观感则全然不同。比如写刘弗陵，写得生动有趣。武帝死后，年仅八岁的刘弗陵在重臣的拥立下登基继位，就是汉昭帝。武帝临死前选霍光为首辅、金日䃅（日音"mì"，䃅音"dī"）为次辅、上官桀为佐军以及桑弘羊为理财等四重臣来辅佐刘弗陵。刘弗陵毕竟年幼，即位之后，他的同父异母兄长燕王刘旦不服，一心想夺位自立，辅政大臣霍光自然成了他的眼中钉，意欲除之而后快。霍光的政治敌对势力上官桀等人于是与燕王刘旦联合起来，密谋策划先除掉霍光，然后废掉刘弗陵，拥立燕王为帝。

有一天，霍光出长安城去检阅御林军，并且调了一个校尉到大将军府，应该说，这是霍光的正常工作。上官桀等人认为这是除掉霍光的好机会,于是乘机以燕王刘旦的名义给昭帝上书,状告霍光。罪名主要有两个:一是霍光检阅御林军的时候,一路上耀武扬威,乘坐的马车与皇帝出巡时乘坐的一样,严重违反了礼仪规定,不是人臣所为;二是霍光擅自做主,私自调用校尉,有图谋不轨的阴谋。刘弗陵看了上书之后,不动声色,就是什么话也没有说,也没有表明自己的态度。

第二天早朝时,霍光已知道被上官桀等人告到皇帝那里去了,就不敢擅自上朝,而是留在偏殿里等待刘弗陵的处置。刘弗陵一上朝,发现霍光没有上朝,马上就问:"霍大将军怎么没来上朝啊?"上官桀立即回答道:"大将军因被燕王告发,心里有鬼,当然不敢进来了。"刘弗陵没有说什么,只是派人去叫霍光进来。霍光赶紧入朝,他脱下帽子叩头请罪:"臣罪该万死!请皇上发落。"刘弗陵说道:"大将军不必紧张,戴上帽子,快请起来。朕很清楚上书是假的,你没有什么阴谋。"

霍光听了小皇帝的话后,真是又惊又喜,于是问道:"陛下怎么知道上书是假的呢?"刘弗陵胸有成竹地答道:"你出京城去阅兵,也就是这两天的事,选调校尉入府也不过十来天罢了,可是燕王远在北方(在北京河北一带),怎么这么快就知道了呢?就算能够知道,马上就写信过来,怎么也得两三个月,现在也赶不到京城(当时的首都在长安)啊。再说大将军真的要作乱谋反,调一个校尉也没有什么大的作用。这件事明显是有人想陷害你。朕虽然年幼,但也不会上这种当的。"一席话说得大臣们惊讶不已,霍光也放下心来。

聪明机智的刘弗陵接着下令追查冒名伪造上书的人,果然,送举报信的人跑了。上官桀等人怕查下去会暴露自己,就劝刘弗陵:"这点小事不知道是谁恶作剧呢,就不值得再追查了吧!"刘弗陵一听,嘴上虽然没有坚持,但实际上已经开始怀疑上官桀等人了。可见,刘弗陵年龄虽然小，但是已经是明鉴的帝王。

2. 典范的人物

《资治通鉴》里记载了一些代表中华民族传统人格典范的人物，其中聂政就是一个代表。周安王五年春，濮阳人严仲子因与韩国丞相侠累有仇，便派轵县人聂政去刺杀侠累。第一次严仲子去找聂政时，聂政没有答应，理由是"老母在，政身未敢以许人也！"等到聂母去世，严仲子第二次去找聂政，聂政答应了。刺杀了侠累之后，聂政竟然划破了自己的面皮，挖出了自己的双眼，还割出了自己的肠子，当场死掉了。韩国人把聂政的尸体挂在集市，并悬赏认尸。

聂政的姐姐听说了这件事后便去看，一看是自己的弟弟，潸然泪下："是轵深井里聂政也！以妾尚在之故，重自刑以绝从。妾奈何畏殁身之诛，终灭贤弟之名！"于是姐姐便在聂政尸体之旁自尽了。

张元济曾说过，聂政的贤名得以流传至今，他姐姐的"妾奈何畏殁身之诛，终灭贤弟之名"，更让人看到了一位刚烈的女子，甚至不输弟弟聂政。

3. 与帝王有约的小吏

《资治通鉴》还记载过一些名不见经传的人物，读之也令人久久难忘。比如，在一个下雨天，魏文侯正与大臣们在宫中饮酒作乐，突然命令："备车，我要到山里去一趟。"左右侍臣问："主公，我们正喝在兴头上，下雨天道路泥泞，您这是想到哪去呢？"魏文侯说："突然想起我与山里的管理人员约好了今天打猎，不能失约啊！"于是魏文侯停止宴乐，前往猎场。虞人，是古代掌管君主山泽苑囿的人，级别虽然不高，但是他清楚山川园林的地貌，熟悉飞禽走兽的习性，是君主打猎时最重要的向导。从魏文侯雨天赴约的故事，我们看到了君子重诺守信，也看到了一个上司对下属的尊重和体谅。约期打猎，对魏文侯来说只是一次娱乐健身活动，但对虞人来说，则是其最重要的工作，必然会作精心准备。如果魏文侯出尔反尔，虞人很可能会失望沮丧。魏文侯没有因为虞人只是小人物而失约，因为他知道，小人物在关键时候常常是成败的关键所在。他还知道，只有自己信守诺言，珍惜民力，才是以身作则，才能以上率下，才能实现霸业。而虞人看到帝王的守诺赴约，也会慨叹人生值得、守岗有荣吧！

小人物不小，历史的很多关节口，都闪现着小人物高大的身影。《资治通鉴》里的人物，或浓墨重彩，或片语只言。虽所用笔墨不同，但司马光所想要传递给我们的感受和启发已经深透人心。取材广泛，人物丰满。在文风上，哪怕正史中有的内容，《资治通鉴》也进行了整理、加工和润色，自有它独具一格的魅力。

（二）言论精彩

中国历史的传统一直很重视"言"，甚至很多古籍纯以"言"即构成独立的文体了，比如《国语》《论语》等。当然，我们这里讲的"言论"，要宽泛一些，既包含对话，也包含文论。

1. 生动的对话

《资治通鉴》里的对话极多，但不是人们通常认为的"所谈不过君臣之道、治国之策、备战之方"，读之欲睡，而是许多对话或妙趣横生，或出人意表，或感人肺腑。当然，更多的是教益良多。有的示范善言巧说，有的鼓励直言敢说，有的告诫谨言慎说，还有的称赏不言不说。虽然《资治通鉴》选取这些对话的初衷不一定这么单一，但这些对话的确给人们以前述启迪。比如这一段记录：

邹忌是齐威王的辅政之臣。有天上朝前，他问妻子："我与城北的徐公比，哪个更英俊？"妻子回答说："当然是我家良人（战国时期妻子对丈夫的称呼）最帅气，徐公怎么能比呢？"家住城北的徐公，是齐国出了名的美男子。邹忌虽然心里很得意，还是不自信地问侍奉自己的侍妾："我与城北徐公，谁更英俊？"侍妾说："您当然比徐公更帅啦！"次日邹忌接待一个来访的客人，也问了客人同样的问题，客人毫不犹豫地说："徐公不如您帅啊。"不久，城北徐公来拜访邹忌，邹忌仔细地端详了一下，觉得自己实在比不上人家；揽镜自照，更是觉得差远了。这天晚上，邹忌失眠了。他觉得自己真是好笑：妻子说我美，是对我有偏心；侍妾说我美，是对我有惧怕；客人说我美，是有求于我而讨好我嘛！我怎么能当真呢？第二天来到朝堂上，邹忌把自己的感悟与齐威王作了分享，意味深长地说："如今的齐国，疆域辽阔，方圆千里，城池多达一百二十座，您身边的侍姬、近臣，无不偏爱大王；朝廷里的大臣，无不惧怕大王；举国上下，无不有求于大王。由此看来，您一定深受他们的蒙蔽，听不到真话了呀！"治国理政，没有比领导者听不到真话更可怕的了。今天我们再读这样的对话，仍然觉得仿佛是寻常生活中的场景，生动有趣又耐人寻味。

2. 严整的论议

《资治通鉴》所选策论、奏议等极多。司马光认为重要的，甚至在一卷之内，会连篇累牍，不厌其烦，直到言尽其意。与对话不同，文论很难说引人入胜，但它是《资治通鉴》中不可或缺的重要组成部分，不妨摘选《魏五纪》一小段。

帝好土功，既作许昌宫，又治洛阳宫，起昭阳太极殿，筑总章观，高十余丈，力役不已，农桑失业。司空陈群上疏曰："昔禹承唐、虞之盛，犹卑宫室而恶衣服。况今丧乱之后，人民至少，比汉文、景之时，不过汉一大郡。加以边境有事，将士劳苦，若有水旱之患，国家之深忧也。昔刘备自成都至白水，多作传舍，兴费人役，太祖知其疲民也。今中国劳力，亦吴、蜀之所愿；此安危之机也，惟陛下虑之！"帝答曰："王业、宫室，亦宜并立，灭贼之后，是当罢守御耳，岂可复兴役邪！是固君之识，萧何之大略也。"群曰："昔汉祖惟与项羽争天下，羽已灭，宫室烧焚，是以萧何建武库、太仓，皆是要急，然高祖犹非其壮丽。今二虏未平，诚不宜与古同也。夫人之所欲，莫不有辞，况乃天王，莫之敢违。前欲坏武库，谓不可不坏也；后欲置之，谓不可不置也。若必作之，固非臣下辞言所屈；若少留神，卓然回意，亦非臣下之所及也。汉明帝欲起德阳殿，钟离意谏，即用其言，后乃复作之；殿成，谓群臣曰：'钟离尚书在，不得成此殿也。'夫王者岂惮一人，盖为百姓也。今臣曾不能少凝圣听，不及意远矣。"帝乃为之少有减省。

魏明帝热衷于土木建筑工程，已经兴建了许昌宫，又修复洛阳宫，建起昭阳太极殿，筑成总章观，观高十余丈。于是不停地征调劳役，农桑之事几乎停顿。司空陈群上书说："古代大禹承继唐尧、虞舜的昌盛基业，还是居住低矮的宫室，身穿粗劣的衣服，何况如今正在战乱之后，人口很少，比之汉文帝、汉景帝之时，不超过当时的一个大郡。加之边疆战事不断，将士劳累辛苦，如果出现水灾、旱灾，就会成为国家的深重忧虑。以前刘备从成都出发到白水，沿途大建居室馆所，耗费大量人力，太祖知道他让民众感到疲惫。而今中原大用民力，也正是吴国、西蜀所希望的，这是关系国家安危的关键问题，愿陛下考虑！"明帝答道："帝王之业和帝王宫殿，也应该并行建立，消灭敌人之后，只需罢兵防守，怎么可以再大兴劳役呢？这本来是你的职责，同萧何当初修治未央宫一样。"陈群说："从前汉高祖只与项羽争夺天下，项羽已然被灭，而宫室都被烧毁，所以萧何修建了武器库、粮库，都是紧急需要，然而高祖还责怪修建得过于华丽。而今吴、蜀两国还没平定，实在不应与古代等同并论。人们要想满足私欲，没有找不到托词的，何况帝王，更没有人敢于违抗。陛下以前想要拆毁武器库，说是不可不拆毁；以后打算重新设置，又说不可不设置。如果一定要兴建，固然不是臣下的话所能改变的；如果稍加留意历史教训，陛下能够回心转意，也未必是臣下的力量所能达到的。汉明帝打算修建德阳殿，钟离意直言规劝，就采纳了他的意见，以后又重新兴建；宫殿建成后，对群臣说：'如果钟离意尚书还在，此殿就建不成了。'作为帝王怎么可以只怕一个人？应该一切为百姓考虑。现在我不能使陛下稍稍听取一些意见，比起钟离意差得太远了。"为此，魏明帝稍有减省。

《资治通鉴》所选录的奏议、文章，都具有极高的水准。司马光的鉴赏力，是极可信赖的。

3.忠义感人的对白

李陵与苏武有一段对话，千年后的今日读来依然感人至深。当初，苏武被匈奴放逐到北海边以后，得不到粮食供应，便挖掘野鼠洞，吃鼠洞中的草籽。他手持汉朝的符节牧羊，无论睡卧还是起身都带着它，以致节杖上的毛缨全部脱落了。苏武在汉朝时，与李陵同为侍中，李陵投降匈奴后，不敢求见苏武。过了很长时间，单于派李陵来到北海边，为苏武摆下酒筵，并以乐队助兴。李陵对苏武说："单于听说我与你一向情谊深厚，所以派我来劝你，单于愿意对你虚心相待。你终究不能再回汉朝，自己白白受苦在这荒无人烟的地方，你的信义节操，又有谁看到呢！你的两个兄弟，先前已都因罪自杀；我来此时，你母亲也已不幸去世；你的夫人年轻，听说已经改嫁别人了；只剩下两个妹妹、两个女儿、一个儿子，如今又过了十几年，是否还在人世，不得而知。人的一生，就像早晨的露水一般短暂，你又何必长久地如此自苦！我刚投降匈奴时，精神恍惚，像要发疯，恨自己辜负汉朝，还连累老母被拘禁牢狱。你不愿归降匈奴的心情，怎么会超过我！况且皇上年事已高，法令变化无常，大臣无罪而被抄杀满门的达数十家，安危不可知，你还要为谁这样做呢！"苏武说："我父子本无才德功绩，全靠皇上栽培，才得以身居高位，与列侯、将军并列，且使我们兄弟得以亲近皇上，所以我常常希望能够肝脑涂地，报答皇上的大恩。如今得以杀身报效皇上，即使是斧钺加身，汤锅烹煮，我也心甘情愿！为臣的侍奉君王，就如同儿子侍奉父亲一般，儿子为父亲而死，没有遗憾。希望你不要再说了。"李陵与苏武一连饮酒数日，又劝道："子卿你再听我一句话。"苏武说："我自己料想必死已经很久了，你一定要我苏武投降，就请结束今日的欢聚，让我死在你的面前！"李陵见苏武一片至诚，长叹道："唉！你真是义士！我与卫律的罪过上通于天！"不觉泪湿衣襟，与苏武告别而去。临走前留给苏武牛羊数十头。苏武铮铮铁骨，令人敬佩！

（三）富有智慧

《资治通鉴》记录的是一部智慧的历史。正如人们所说，读《资治通鉴》，就像看高人下棋，历史人物的每一步都是一个棋谱。我们看多了，就会下棋了。《资治通鉴》正是一盘智慧的棋局，能够打开你的历史视野，开悟你的批判性思维，增加人生的多重智慧。

1. 军事智慧

《资治通鉴》里记录了很多富有谋略的故事，这些故事虽然有其时代背景，但是推古喻今，对我们的现实生活也有启发，这就是谋略。

老将王翦的儿子王贲进攻楚国，占领了十多座城池。秦王看到形势一片大好，就想着乘胜追击，直接占领整个楚国。于是便问李信："我要想占领楚国，如果你来带兵，需要多少兵力？"李信认为，只需要不到二十万就足够了。秦王接着又问了老将王翦。王翦则认为，他需要至少六十万的兵力。一个二十万，一个六十万，一看就能够看出两者的带兵实力。秦王感叹，王翦将军老了，没有以前那么英勇了，居然需要六十万的兵力，才能够攻下楚国。于是，秦王便派遣李信、蒙恬带领二十万的军队进攻楚国。王翦知道这个消息之后，便说自己生病了，回到自己的故乡频阳（陕西省富平县）。第二年，李信带领军队进攻平舆（河南省平舆县），蒙恬带领军队进攻寝县（安徽省临泉县），楚国的军队被打得落花流水。接着，李信又带领军队进攻鄢郢（河南省鄢郢县），依旧取得了胜利。随后，李信准备带领军队向西出发，与蒙恬的军队在城父县（安徽省亳州市）会合。而这个时候，楚国的军队却尾随李信的部队，在背后做些骚扰的动作，使得李信的军队三天三夜不能够好好休息整顿。在李信的军队疲惫不堪的时候，楚国的军队一举进攻，攻克了李信两个营寨，还杀了七个都尉（高级军官）。李信没办法，只好跑回咸阳。秦王非常生气，这才想起了王翦所说的，需要六十万的军队才能够攻克楚国。于是，秦王亲自到频阳去见了王翦，对王翦说："都怪我，没有听将军的话，反而任用了李信。你就帮帮我吧，难道你忍心就这样舍弃我吗？"秦王这是在使用攻心术。当初抛弃王翦的时候，他未曾心软，现在却要求王翦帮助自己。王翦听到这里，有点心慌了，他很清楚秦王是一个什么样的人。实际上，他已经没有选择了，只能再次带兵作战。如果强硬拒绝秦王，不听从命令，结果估计也是死。想到这里，王翦便对秦王说，如果真的要他领兵作战，那么至少需要六十万的军队。秦王点头说，没问题。秦王同意了，拨给了王翦六十万的军队，让他带领进攻楚国，而且秦王还亲自送王翦到霸上（陕西省西安市）。王翦即将出兵了，对秦王说："要是我打赢了，你可要赏赐我很多很多的房子、土地呀！"秦王笑着说："你要是能打赢了，还怕没有钱财赏赐吗？快去吧。"王翦还是不放心，对秦王说："我作为将领，就算是有了战功，也不能够封为诸侯。所以向大王您要求土地和房子的赏赐，是为了自己的子孙后代呀！"秦王大笑说："去吧去吧，我知道了。"于是，王翦这才放心带兵进攻。而且，还不停地派遣使者回来提示秦王，要他记得对自己的承诺。部下有人看到这里，对王翦说："原来将军你是一个贪图名利的人呀！"王翦这才将他心中的考虑说出来。他认为，秦王是一个多疑的人，今天将六十万的军队全都交到自己手中，一旦自己叛变，秦王是没有什么抵抗能力的。所以，自己才需要多次向秦王邀功，以打消秦王的疑虑。

有时候不妨装一装傻，示一下弱，这也是一种保护自己的手段。王翦的做法，就是一种保护自己的手段。他不断地向秦王邀赏，就是想让秦王认为，自己只是一个贪图财物的人。这样对秦王来说，就容易控制了。让秦王认为，只要不断赏以财物，就能够牢牢控制住自己。

当然，秦王也不会完全相信王翦。只不过，王翦的做法，能在一定程度上减轻秦王对他的疑虑，好让他能够专心打仗，也能够保护自己。因为将领在外，手握重兵，对于君主来说，最怕的就是将领造反。

2. 修身智慧

司马光深受先秦儒学思想影响，一生信奉"慎独"，认为这是一个人的情操和气节，是一个人最该具备的品德。他经常说，"吾无过人者，但平生之所为，未尝不可对人言耳"，说的就是做人做事光明磊落，保持住"慎独"的良知。《资治通鉴》中收录了这样一个例子，说的是东汉安帝年间，荆州刺史杨震发现一个叫王密的人才华出众，便向朝廷举荐。朝廷接受了杨震的举荐，委任王密为昌邑令。王密深感杨震的知遇之恩，在一个夜深人静之时，送上十两黄金表示感激。并低声说："黑夜里，无人知道，您就放心收下吧！"杨震拒绝接受，说："天知、地知、你知、我知，怎么说没有人知道呢？"说得王密羞愧难当，他急忙起身谢罪，收起金子走了。这则故事告诫后人，在无人监督时也要坚守内心的底线，做到不放纵、不逾矩，才能无愧于心，才能活得坦荡。司马光收录这些相关案例，旨在提醒后人对自己要有严格的要求，培养"慎独"的品性，保持自淑自持的傲然品格。古人云"君子不欺暗室"，说的就是一个人在私底下是否能严格要求自己，做到慎独、自淑、表里如一、品德高尚，这是区分"众人"与"君子"的重要标杆和尺度。

在《资治通鉴》中，唐朝大书法家颜真卿的故事被收录其中，不是因为他的字写得好，而是因为其德行好、品德高尚。收录这样的案例，旨在告诫后人为人正派、大气坦荡的道理。

颜真卿在二十五岁时中了进士，后任监察御史、殿中侍御史，为官为人非常正直，但是却常常遭到诽谤和排挤。为官后不久，因得罪权贵大臣杨国忠被朝廷贬官下放到河北的平原郡当太守。这时，河北一带发生了历史上有名的"安史之乱"，由于当时形势复杂，不少地方官闻风而逃，还有的为了保身成了叛军。颜真卿不计前嫌，挺身而出,自发动员各方面的力量打击叛军。随后,他还联手北海郡太守贺兰进明一起平叛。但是贺兰进明才能不大却喜欢抢功邀赏,爱出风头,颜真卿非常大度,坦然面对名誉利益,从不计较个人得失,凡事以抵抗叛军、国家大局为重。几场胜仗,颜真卿在百姓中的威信猛增,受到后人的敬仰与爱戴。

大气坦荡、顾全大局、出于公心不仅对于官员十分重要,对个人修身养性也十分重要。对官员而言,如若能够心胸宽广、大气坦然、出于公心,就能够在国家危难面前挺身而出,挽救国家于水火;对于个人而言,养成大气、坦荡的品格也是重要的人生财富。常言道,"君子坦荡荡,小人长戚戚",说的就是一个人如果心胸开阔,就能够气定神闲、举重若轻。心中无所挂碍才能勇往直前,朝着自己认定的目标努力前进。《资治通鉴》中的慎独智慧、正气智慧对每个人都有重要意义。

3. 政治智慧

《汉纪》记载了萧规曹随的故事。"萧"是指萧何,"曹"是指曹参。两人既是老乡,又是公职人员,相知甚深、关系融洽,后来都跟随刘邦打天下成为汉朝开国元勋。天下大定后,萧何当了相国,曹参当了将军,但两人却因为工作关系出现了一些裂痕。萧何临终病榻前,汉惠帝问,谁可接替你的位置?萧何回答说,知臣莫如主,您猜!汉惠帝说,曹参。萧何连忙磕头说,是的!您找到正确的人,我死而无憾了。曹参是如何反应的呢?他得知萧何去世后,第一反应是告诉管家,赶紧收拾行李,我要进京当相国了!果然不久后,就有使者送来任命书。新官上任总要放三把火,目的有三:一是为了显示存在感和权威;二是辨别哪些人听话和哪些人不听话,整顿队伍;三是纠正前任的弊政,收拢人心。萧何与曹参本来就是政敌,按官场逻辑来说，曹参上台肯定得搞点新花样，以建立自己的权威，清理萧何留下的旧臣。但出乎所有人意料，曹参接任后基本遵循萧何当政时的路线，"举事无所变更，遵何约束"。路线定了之后，干部就是关键。曹参在选人用人方面，不以萧何划线，而是"择郡国吏木讷于文辞、重厚长者，即召除为丞相史；吏之言文刻深、欲务声名者，辄斥去之"，简单说就是专门找忠厚老实、不善文辞的，而那些思想深刻的一概清退。为什么要这么操作，我们稍微推理一下可知，这种人没有主见和创新意识，只会按部就班地执行命令。路线和干部定了之后，曹参就清闲起来。这下满朝文武着急了，都过来想劝谏一下，曹参直接用酒堵住来客的嘴巴。有些人犯了小过错，曹参是能糊弄就糊弄，也不大发雷霆显示权威。这样久了，汉惠帝就有点责怪曹参不作为了，让他儿子窋（zhú）悄悄问咋回事。曹参这下倒发火了，把儿子打了两百大板，说"天下事哪里是你该插嘴的"。然后，曹参入朝对汉惠帝说："您觉得您有先帝那么英明神武吗？"汉惠帝说，岂敢相提并论。曹参又问："您觉得我比萧何谁更能干？"汉惠帝说："您似乎比不上萧何。"曹参说："是的！高祖平定天下，法令已经很完备了。陛下遵循先帝的典章制度而不违失，不就可以了么！"汉惠帝说，好！曹参成功地说服了汉惠帝。当时的人用"萧规曹随"四个字来评价曹参这种做法。"载其清静，民以宁壹。"就是说，政府不瞎折腾，老百姓得以一如既往地过安宁日子。其实，萧规曹随的成立是有前提的，比如前任得是萧何这种贤能，再比如汉初战后老百姓需要休养生息而不是搞各种政绩工程，没有这些前提那就是敷衍塞责、不作为。因为时代是变化发展的，新问题层出不穷，"周虽旧邦，其命维新"，不改革不行！当然，打着改革的名义各种朝令夕改也不行。老百姓的生产生活需要稳定的政策预期，所以，哪怕是在改革的时候，保持政策稳定性和可预见性也非常重要。这时候，我们需要的就是萧规曹随的政治智慧!

（四）识见卓著

司马光在《资治通鉴》里并不是像记流水账一样记录历史的片段，他在选取历史事件的同时，也保持着一位史学家的明鉴、考证和忠告。这些都是见证司马光等史学家个人的远见卓识以及大智慧的地方。

1. 臣光曰

用司马光自己的话说，《资治通鉴》是"专取关国家盛衰，系生民休戚，善可为法，恶可为戒者"，这是整部书的价值取向和宗旨。我们要说的"识见"，不是从宏观的角度说的，而仅仅涉及《资治通鉴》中的史评、史论的部分。如何说史评、史记好？就好在它本身见解的独到。《资治通鉴》中，对于重要的事件、人物，或历史上重要的节点，司马光都以"臣光曰"表达自己的见解，一共有199段。此外，还引用其他人的史论99篇。这些议论，无不表达了司马光对历史事件的真知灼见，更是我们深刻理解《资治通鉴》的钥匙。史论因为是随史事而发议论，内容比较分散，若不了解所论之事，史论的精妙就会大打折扣。

例如，《资治通鉴》对魏明帝选拔人才管理的叙述。魏明帝对华而不实的士人深恶痛绝，下诏给吏部尚书卢毓说："选拔举荐人才时，不要唯名是取，名声如同地上的画饼，只能看不能吃。"卢毓说："凭名声选拔，不足以得到奇异的人才，但可以得到一般的人才；一般的人敬畏教化、仰慕善行，然后才会出名，不应当痛恶这样的人。我既不能够识别奇异的人才，而主事官吏的责任又是根据名次按常规任命官职，只有从以后的实际中检验了。古代以上奏陈事考察言谈，用实际工作考察能力。如今考绩的办法已经废弛，只是凭借赞誉或毁谤的舆论决定晋升和罢免，所以真假混杂，虚实难辨。"明帝接受了他的建议，颁布诏书让散骑常侍刘邵制定考课法。刘邵制定《都官考课法》七十二条，又作《说略》一篇，下诏让百官讨论。

《资治通鉴》记载了司隶校尉崔林、黄门侍郎杜恕、司空掾北地傅嘏发表的意见，有的同意、有的反对、有的提出了新思路，最后久议不决，此事竟没有实行。

面对这样的历史不决事件，司马光提出了自己的看法：治理国家的关键，没有比用人更重要的了。然而识别人才的办法，连圣贤也感到困难。所以只好求助于舆论的毁谤或赞誉，于是个人爱憎争相掺杂进来，使善良与邪恶混淆；用档案进行考核，于是巧诈横生，真假不明。总之，识别人才的根本在于主上的至公至明而已。居上位的人至公至明，那么属下有能无能就会清清楚楚，无所遁形；如果不公不明，那么考绩之法，恰好能够成为徇私、欺骗的凭借。为什么这样说呢？所谓至公至明，是要出自内心，所谓档案，反映的是外在表现。自己的内心都不能理正，而要去考察别人的表现，不也很难吗？居上位的人，如果真能做到不以亲疏贵贱改变心思，不因喜怒好恶改变意志，那么，想要了解谁是擅长经学的人，只要看他博学强记，讲解精辟通达，那他就是饱学之士了；想要了解谁是明辨之才，只要看他断案穷尽真相，不使人含冤受屈，那他就是善于执法了；想要了解治军的将领，只要看他战必胜、攻必取，能使敌人畏服，那他就是善于治军了。至于文武百官，莫不如此。虽然要听取别人的意见，但决断在于自己；虽然考核要看实际表现，但审察却在自己内心。探讨实情而斟酌是否适宜，最为精密最为细微，不可以口述，也不可以笔录，怎么可以预先定出法规而全部委派给有关部门办理呢？有的人因是皇亲显贵，虽然无能但仍被任官授职；有的人因为关系疏远、出身卑贱，虽然有德有才但仍被排斥。当权者所喜欢的人即使失职也不被罢免，所恼怒厌恶的人即使有功也不被录用。向人咨询，毁誉各半而不能决断；考核事迹，文书具备内容空洞而不能觉察。即使制定了再好的考核办法，增加考核条目，完备档案文簿，又怎么能得到真实情况呢？

后面司马光针对不同人的意见也一一给出了回应，我们看到这是在《资治通鉴》里"臣光曰"篇幅较大的一个。司马光有感而发，详尽述说其中是非曲直。司马光之所以在此不吝笔墨，一一呈现，是富含深意的，因为他看到了历朝历代选人择才用人上共同面临的困境。

2. 考异说

面对某一件事情的不同记载，如果司马光觉得这个记载不可靠，在编纂《资治通鉴》时便不予采用。但是，对于自己没有采用的一些说法和记载，司马光要作考异，将不同说法的史料另外编了一部书，这就是三十卷的《资治通鉴考异》（以下简称《考异》）。在《考异》里，司马光要作判断，说明自己为什么不采用这一段材料，这个材料的问题在哪里，这也是提醒后来的读史者。例如，《考异》里面保留了这样一段记载：唐朝武则天当皇太后的时候，以皇太后的身份临朝称制，高调并且果断地处理了几起谋反事件。那时候高宗去世了，中宗也被废掉了，睿宗做个傀儡皇帝，武则天当权，然后就有人起来造反了。在扬州，徐敬业等人起兵反对武则天临朝称制。徐敬业在扬州汇聚了一批政治上不得意的人。其中有一个特别怀才不遇的人，叫骆宾王。骆宾王七岁的时候就有远大理想，因为他七岁就写诗吟唱出"鹅鹅鹅，曲项向天歌"。骆宾王很有想法，但是一直仕途不顺，投奔徐敬业后，替他起草了一篇《讨武曌檄》，文章最后喊出"请看今日之域中，竟是谁家之天下"的豪言壮语，文笔非常好。扬州有人造反了，但是武则天不怕，一个月就镇压下去了。这一场扬州谋反事件，同时牵涉了另外两个重要人物。一个是当时资历最老的宰相裴炎，这是唐高宗去世之前托孤的人，当时唐高宗把中宗李显托付给他，也把武则天托付给他。裴炎在高宗初年就出来做官，几十年里一直担任高官，最后官至宰相。还有一个人是程务挺，是军队当中最有实权的人。徐敬业、裴炎、程务挺，这三个人因为谋反事件以及可能的"莫须有"理由都被武则天杀掉了。在这件事之后，唐朝人写的一部野史笔记《唐统纪》中记载了一个场景，武则天当众训斥群臣。就是武则天召集群臣，破口大骂，大意是说：我没有辜负天下，你们知道我来挑这个担子容易吗？武则天说，"朕侍先帝二十余年"，这个先帝是高宗，不是太宗。高宗即位以来二十多年，我一直帮助他打理朝政。意思是说，唐高宗在位总共三十多年，至少有二十多年是我帮助皇帝打理朝政的，各种人事任命、国家政策的制定和出台，都是我协助皇帝来批办的。那个时候宫中将我和先皇称为二圣，作为皇后，我是参与议政的。二十多年来，"忧天下至矣"，我简直就是鞠躬尽瘁死而后已。现在还在朝廷做官的所有人，你们的位置大部分都是我安排的，你们的官位都是我任命的，天下安乐，朕长养之，老百姓生活很安定，无疑也有我的功劳。武则天又说："及先帝弃群臣，以天下托顾于朕，朕不爱身而爱百姓。"意思是我挑起这副担子容易吗，我已经六十多岁了。造反的这些人，领头的都出于将相群臣，你们辜负我也太深了。武则天接着说，实话告诉你们，在各位当中，你们要摆老资格的话，有谁能够超过接受遗命的老臣、倔强难制的裴炎吗？有谁能够超过将门贵种、能纠合亡命的徐敬业吗？有人在军队当中的威望超过程务挺将军吗？这三个人都被我诛灭了。你们当中如果有人觉得自己能超过这三个人，还想造反，那就造反吧。如果你们中间没人有这个本事，就别自取其辱了，别惹天下人笑话。群臣听了武则天这一番大骂之后，都吓得异口同声："唯太后所使。"

　　历史记录的这个场景，司马光就觉得不符合历史事实，所以他在《考异》里保留下来，并加了一句按语："恐武后亦不至轻浅如此。今不取。"意思是说，这段话有一点泼妇骂街的味道，没有帝王的威仪，不像是一个帝王之尊的人说出来的。对于这段话，我也不知道是真的假的，你们觉得这像武则天说的话吗？这种时候就需要读史的人作出自己的判断。司马光没有将自己不采用的史料完全删废，而是留下来给读史者自己作判断的依凭。也许有人会觉得，这种话风恰恰很像武则天说的，"摆什么老资格，摆什么家庭背景？家庭背景没有一个人比得过徐敬业，老资格没有一个比得过裴炎。"这也符合帝王的气势，但是司马光不相信，只是留着这些史料由后人定夺。

　　3. 告诫体

　　一般人看来不是什么大事，可是司马光觉得很重要，偏偏要记载下来，以示警诫。例如，唐朝末年，唐昭宗景福二年三月某日，朝廷任命渝州刺史柳玭担任泸州刺史，这件事情用一句话记载就够了，只不过涉及朝廷的一次人事任免而已。可是这个调动有一点特别，后世读史人可能会想，从渝州刺史调到泸州去当刺史，其中有什么重要的信息呢？渝州在重庆，泸州比渝州离长安更远。司马光为什么要记载这件事？他是想用这件事情来告诫后人，也告诫皇帝，这就是"好详名公巨卿兴家败家之故"。这件事实际关系着一个名公巨卿、一个大家族。因为这个柳玭不是一般人，柳玭的父亲是柳仲郢，祖父是柳公绰，叔祖是柳公权，都是一代名臣、士林领袖。柳家几代人到柳玭的时候，这几十年时间里，唐朝经历了什么情况呢？当时官场上政治风气不好，牛李党争，分别以牛僧孺和李德裕为首的两派官僚之间搞权力斗争，团团伙伙，一派上台就打压另一派，导致朝政混乱。党争激烈的时候，很多人就搞政治投机，有的人因为牛党在台上，就拜牛党的领袖做老师；过了几年牛党下台了，李党上台了，又去娶李党成员的女儿做媳妇；不料过了两年，牛党又翻身上来了，于是这样的人就陷入了人生的尴尬境地。可是这期间，也有的人，譬如柳家，不管谁在台上，一直秉持家风做事，最后两派都用他。司马光之所以把这次看似平常的人事变动记载下来，就是要借此向后人推奖柳家的家风。柳家自柳公绰、柳公权以来，以孝悌礼法为士大夫所宗。柳玭曾经当过御史大夫，已经是高官了，皇上后来要任命他做宰相，可是他不会巴结人，也不喜欢在两党之间搞平衡，所以掌权的宦官也讨厌他，因此柳玭长期在外地任职。司马光利用这次人事任免的记载，在叙事中引用柳玭告诫子弟的一段话，其中说：

> 我们柳家已经好几代人受到尊重，没有丢人，我们做的事情很到位。对于我们这些门第高的人家，立身行己，一事有失，则得罪重于他人，死无以见先人于地下，此其所以可畏也。所以我们家族强大，一定要谨慎。"膏粱子弟，学宜加勤，行宜加励，仅得比他人耳。"

四 学习方法及参考资料

《资治通鉴》的读法有很多。旧时塾师以《资治通鉴》白文训蒙童，使其识句读，大概是最初级的读法。比较普通的读法，是初学者通过对《资治通鉴》的阅读，了解中国古代史的梗概。另外还可以将《资治通鉴》作为历史研究的取材来源来阅读，也可以将《资治通鉴》本身作为研究对象来阅读，这都是比较专门的读法。后两种专家式的读法，显然也不适合向初学者推介。所以，适合初读者的是《资治通鉴》的另一种读法：思想史的读法。通过对相关文献的阅读，以《资治通鉴》为媒介，来追寻历代思想观念变化的足迹。笔者曾选中了岳麓书社 1990 年出版的《资治通鉴》版本作为主读书籍，虽然购买的二手书籍纸张泛黄，但是仍被蔡尚思题字的封面所吸引，古朴劲拙的书法令人神往，书中的文字读来也流畅自如。同时对照着网络的古文原文与译文进行品读查阅。每日之功，竟有不小收获。以下笔者所整理出的一些具体的阅读方法供大家参考。

（一）带着科学研究精神的三种阅读方法

1. 系统精读法

精读《资治通鉴》是一个系统工程，要注意七个方面的配套著作，即：续、改、注、补、评、研、译。比如宋代李焘所著《续资治通鉴长编》；南宋袁枢将编年体的《资治通鉴》改编为以纪事为中心，把书中记载的 16 个王朝 1362 年的历史归纳为 239 件大事 66 件小事。再如，受《资治通鉴》的影响与启发，南宋朱熹对《资治通鉴》等书进一步简化内容，编为纲目。所谓"纲"就是记述一项史实时，有如我们常说的提纲一样；所谓"目"，就是在每一条纲后，用非常简练概括的话阐述纲中的历史事件。《资治通鉴纲目》既是初级的历史教科书，也是传统社会的思想政治教科书。就阅读《资治通鉴》而言，同学们可以参考宋末元初王应麟撰《通鉴地理通释》和胡三省的《资治通鉴音注》以及明末严衍和他的弟子谈允厚的《资治通鉴补》，拾遗补阙，系统精读。

2. 比较阅读法

不同于一般史书，《资治通鉴》是一部专注于资治的政治教科书。就史料来源而言，现代学者考证其引用的书目有359种之多，但隋唐五代之前的史料大体以正史所载为主。如果把《资治通鉴》与相对应的正史对照比较阅读，就会发现司马光更多的微言大义、春秋笔法。如果把《资治通鉴》与《史记》《汉书》《后汉书》《三国志》等史书对照阅读，不仅有趣，而且更能体悟《资治通鉴》的独特价值取向和资治鉴借。就拿对汉高祖刘邦的评价来说，司马光引用了班固在《汉书·高帝纪》中对刘邦的评价："高祖不修文学，而性明达，好谋，能听，自监门、戍卒，见之如旧。"说刘邦"不修文学"，就是不喜欢文化学习，也不喜欢儒家的读书人。文化程度不高而悟性高有见识，这是刘邦最大的特质。司马光在《资治通鉴》中多次提到"高祖之明达"。从看门的到一般士卒，见到他都像见到老朋友一般，说明刘邦对社会底层民众有亲和力，用我们今天的话来说就是刘邦善于走群众路线。所以许多名不见经传的人心甘情愿为他效命。与刘邦相反，项羽唯一一次向社会底层的农夫问路还被对方诓骗了。农夫与项羽无冤无仇，为什么要骗项羽？一个善于走群众路线、群策群力，一个自矜功伐而不师古，这就是刘邦项羽二人成败的关键所在。司马光一贯认为，一位优秀的政治家应该具备"仁、明、武"三种德行，所谓"仁"，就是有人文情怀；所谓"明"，就是明辨是非曲直；所谓"武"，就是有决断力，遇事当机立断。对照这个标准，汉高祖刘邦还有一定差距，究其原因，一句"病于不学而已"，表达了司马光的遗憾和对后来者的期许。

3. 以史论为中心跳读法

问题意识和目标指向是阅读的重要方式。《资治通鉴》全书有218篇史论，其中司马光不仅引用了前人的史论，而且亲自写了119篇，名之为"臣光曰"。这些史论就是《资治通鉴》全书的关键点，是司马光历史观的直接表达。司马光为什么这么评价？为什么引用这些史论？如果带着这些问题再去上溯回看，读来自然能有所获。

以司马光对项羽的盖棺论定举例来说，《资治通鉴》的"臣光曰"，专门对特别重要的人物和事件进行评价。但对项羽，司马光在《资治通鉴》中没有直接发表看法，反而引用了司马迁和扬雄对项羽的评价。司马光真的对项羽的败亡没有自己明确的看法吗？确实有，只不过没有写在《资治通鉴》里。司马光在写《资治通鉴》之前专门写过一本提纲式的著作，也可以说是《资治通鉴》的提纲，名为《历年图》，收在司马光的另一本史学名著《稽古录》中。这部书中的"臣光曰"评价项羽的基本观点与司马迁差不多，但司马光特意用了"安行无礼，忍为不义"八个字来评价项羽。司马迁认为放弃关中是其失败的重要因素之一。司马光则强调项羽不施行礼义仁政，是其失败的更重要原因。

（二）能够坚持读下来的三种方法

不少学生看着《资治通鉴》这样厚厚的历史书，要么看不懂，要么看不进去，要么看进去的坚持不了，总之坚持读完困难重重。在此，通过实践和总结，介绍三种方法让你能够有效地读完这部书。

1. 先易后难法

一开始读《资治通鉴》的时候，不要看古文原文，不然读着陌生的语言，很难让自己产生兴趣，应该首先直接读翻译的白话文，让自己先对里面的故事产生兴趣。兴趣是最好的老师，看了有所感悟，有所受益，自然就能够坚持下去。因为能够读古文并不是值得炫耀的事情，核心是为了增长智慧。

2. 先熟后生法

从《资治通鉴》的第一卷《三家分晋》开始读，很多人不熟悉战国时代的种种背景和看不懂生僻名字，兴趣之火还没有培养起来，就被浇灭了。其实可以从唐朝部分或是三国部分读起，那些都是熟悉的名字、熟悉的背景，读起来能够津津有味，看看真实的历史，吸收起来很快，更容易坚持。

3. 先散后专法

从头到尾地读，看着厚厚的书，会很有挫败感，觉得太漫长了。很多历史专业的学生坚持到北齐卷就放弃了，何况一般读者。《资治通鉴》是编年体的史书，前后的逻辑关联性并不大，所以，有时间随便翻看就行，没事读读。先分散地读，逐步专注某一部分读。

能够让自己读完这本大部头的书，核心就是培养自己的兴趣，培养自己的习惯，建立自己的逻辑体系，通过学到里面的东西而逐步激励自己前进。《资治通鉴》就是宝库，需要一生去读，所以，关键是吸收营养，没事就翻翻看看，每天有所受益，有所感悟。

（三）阅读《资治通鉴》的三个层次

对于有一定古文基础和历史积淀的学生，可以带着研究者的心态去阅读《资治通鉴》。因为这本书讲述历史有其自身特殊的文字表述方式和叙事体例，阅读这样一部经典的史学著作，需要相互照应三个层次，即：解读文本，还原事件，探究真相。

1. 解读文本

文本的解读是一个很复杂的理论问题，但首先是要认字。也许有人会说，认字不难，不认识的还可以查字典。可是认字不是一个简单的问题。陈寅恪说过，读书需从识字始，很多时候你认得这个字，但是它在整句话或整个段落中的意思，尤其是字里行间透出的信息，你可能根本没有捕捉到。没有任何一个人敢说认完了所有的字，或者说只要查了字典就读得懂所有的书。当然怎么念你可以查拼音，但是要解读文本，读懂每一个字在文本中的确切含义，就不是那么简单了。从最基础的层面说，《资治通鉴》的叙事文字中，涉及年代、职官、地理、礼乐等方面的知识，就属于文本解读的任务。当然还有各种典故和史家笔法，只有在广泛阅读古典文献的基础上才能不断积累相关知识，触类旁通。

2. 还原事件

事件可以还原，真相不能还原。这里所说的事件还原，还是文本意义上的。就是要汇集所有材料，将一个历史事件的前因后果来龙去脉梳理清楚。确切地说，是将各种说法或者叙事脉络梳理清楚。解读文本以后，我们要去还原一个事件。可能这本书记载的这件事情，只是一个说法，还会有各种说法以各种方式留存记录。好在历史总有很多蛛丝马迹，可以从中找到你需要考证的材料。

3. 探究真相

我们相信真相只有一个，可是历史上的真相，你可能永远也没有办法百分百还原，但我们可以探究。历史记录不是事实的再现。历史的绝对真相虽不可得，但是人们从不同的角度和不同的立场，会形成对事件真相的不同理解。我们相信历史具有真相，而且探求真相的过程能够不断扩展人们的思维空间，提高思辨能力，从而在历史的时光隧道中不断接近真相。学历史的人最喜欢追问"为什么"。我们在读《资治通鉴》的时候，既不可尽信书，也不能不信书，应秉持一种批判的态度，以质疑的精神，多问几个"为什么""是那么回事吗"，然后不断扩展阅读面，一步步分析，作出自己的独立判断。

思考题：

1. 大学生阅读《资治通鉴》的价值和意义是什么？
2. 分享一下你阅读《资治通鉴》的方法，这对你的帮助是什么？
3. 《资治通鉴》里给你留下印象深刻的故事有哪些？为什么是这些故事？

参考资料：

[1] 司马光. 资治通鉴 [M]. 长沙：岳麓书社，1990.

[2] 陶懋炳. 司马光史论探微 [M]. 长沙：湖南师范大学出版社，1989.

[3] 王夫之. 读通鉴论 [M]. 北京：中华书局，2004.

[4] 丁万明. 难读的《资治通鉴》该怎么读？[J]. 中国纪检监察,2018：60-61.

读书感悟：

_____

_____

_____

_____

_____

力能排天斡九地　壮颜毅色不可求

杜甫诗歌导读

◎ 倪项根

中华民族几千年的历史积淀，诞生了许许多多的文学家，留下了浩如烟海的各类文学作品，让人眼花缭乱，目不暇接。主流的文学史一句概括性的总结就足见其星光璀璨：先秦散文、汉大赋、唐诗、宋词、元曲、明清小说。即便是一个专业的研究者，恐怕也很难对这些做到面面俱到的了解。今天的大学生，尤其是非文科背景的大学生，自然应该对此有所选择，有所为有所不为，而不应该试图生吞活剥，期待着通过浮光掠影式的阅读而把自己变成一个无所不知的人。在这里，我想结合自己的一点阅读和体会，谈谈我对于杜甫文字（当然主要是诗歌）的感受，阐述一下我推荐年轻大学生阅读杜甫诗歌的理由和依据。

一　杜甫的基本生平

或许，在中国历史上数以万计的著名作家（诗人）中，杜甫几乎是最没有隐秘的一个，或者说，杜甫是古代文人中人生经历被后世之人探究得最为详尽的一个。他以诗歌这种文体形式详细记录了自己的一生，也包括他极度珍爱的大唐王朝的一段，因此后人得以通过他的诗歌，探究清楚他全部的人生和命运轨迹，甚至可以精准到每一个月。这在中国文学史上应该是绝无仅有的一个奇迹。无论是司马迁，还是司马相如，又抑或是杜甫的好朋友李白、高适、郑虔等等，还是后代的苏轼、王安石甚至是离我们相对比较近的施耐庵、吴承恩、曹雪芹等等，都无法与杜甫的生平记述之详相提并论。这个奇迹背后，其实也有很多思考空间。我想原因无非就是两点：一是杜甫当时确实比较喜欢记录庸常琐碎的日常生活，事实也的确如此，无论是困顿长安的牢骚满腹，还是定居成都的惬意潇洒，或者是北征路上的艰难坎坷，所有这一切都成了杜甫诗歌写作的主题，也就是说，但凡日常生活中的点点滴滴，都可以入诗，而很多古代诗人都有过类似经历，但并非所有有过这种习惯和经历的诗人都能被后人传颂；二是宋朝文人开始疯狂地喜欢上杜甫诗歌，原来基本无人问津的杜甫诗歌，突然一下子变得很流行，全国各地的文人都争相以传播研习杜诗为荣，再加上宋朝的印刷和造纸技术的革命性新突破，自然加速了杜甫诗歌的广泛流传，一时"千家注杜"，从而让今人可以一睹杜诗之大半容貌。当然，最核心的，应该还是杜诗里的人民情怀在时空背景转换之后深深地打动了后世的文人。

杜甫的人生说起来虽然坎坷悲凉，但命运轨迹是至为清晰的，用简单的话语可以概括为：母亲早逝，寄养于姑母家；青少年时代裘马轻狂，快意人生；两次科举考试不第，命运转折；遭遇安史之乱，苦不堪言；寄寓成都，愁眉稍展；羁留夔府，日渐困顿；顺江而下，病死舟中。

二 杜甫诗歌的特点

任何一个作家,都有自己的风格特点。唐代诗人如天幕上的星星,各有其形状和光亮。诗人在创作的过程中很少自行总结反思自己的文字风格写作特点,但后人为了研究方便,难免对作家文字进行梳理提炼。主流文学史上,大家高度一致地认为,杜甫诗歌的特点就四个字:沉郁顿挫。"沉郁顿挫"一词并非后代的研究者发明,而是杜甫自己呈送给当朝皇帝李隆基的奏表里的一个词,后人正好拿来总结其诗歌特色,恰如其分。所谓沉郁,是指诗歌格调低沉,叙事沉重;所谓顿挫,是指诗歌情绪饱满,节奏抑扬顿挫。尽管对于"沉郁顿挫"一词的具体含义不同学者有不同的解读,但绝大多数学者对于用"沉郁顿挫"来概括杜诗特点并无明显分歧。俗语说"不怕不识货,就怕货比货"。如果我们一时半会儿感觉难以真正理解"沉郁顿挫"这个词汇的内涵和外延,就不妨将杜诗与他同时期的一些诗人的作品进行比较,或许就能发现问题的特质了。杜甫大体同时期的文人显然不在少数,但非常有影响力的大概就是李白和王维。其中,杜甫视李白为至交和值得依靠的长者,在杜甫现有诗歌里,单单明确写给李白的诗歌大约就有23首之多,足见杜甫对于李白的深厚感情。至于李白对于杜甫的情感定位,主流文学史界有一些不同意见,这个不属于本文探讨的范围。大体因为童年成长环境的巨大不同,李白的诗歌饱含瑰丽的想象力,多有夸张,喷薄而出,句式自由,张力巨大;而王维作为一个在浓郁佛学家庭氛围里长大的翩翩少年,早期作品清新脱俗,独具魅力,人到中年,经历世事纷扰之后,则佛学空灵通透的意蕴日渐浓郁。后人其实也恰恰根据他们各自的诗歌特点,而给李、杜、王三人分别赋予"诗仙""诗圣""诗佛"的雅称。仙人自然自由活泼，不受世俗束缚；佛家通透空灵，清新淡雅，超凡脱俗；唯有人间的圣人，一心挂念内乱之下的芸芸众生，苦苦期待自己的国家和大唐朝廷能体恤民生，适度自我约束，同时又能强大无比，世代绵延，这样一种两面为难的心态，自然让杜甫的诗歌具备了一种特殊的情感力量和内在特点，这就是所谓的沉郁顿挫。读者诸君，不妨在朝廷与底层之间踯躅，多多体会。

 杜甫诗歌在其时代的境遇

看历史，粗粗浏览，是极其容易的一件事情，眼花缭乱的王朝更迭，无数的英雄好汉，都会很快进入我们的脑海，并且成为我们茶余饭后的谈资，但如果我们稍稍深入，进行一些对比、深度思考，就会发现被帝王将相才子佳人高大身躯遮蔽的阴影里还有太多的问题值得我们去探究，去寻找答案。杜甫诗歌在其当时却并没有受到普遍的欢迎，甚至可以说并没有什么特别之处。这种在当时遭遇到冷对的状况，就非常值得我们长久思考。

因为唐代还只有雕版印刷，远没有出现成本相对低廉的活字印刷，造纸技术也没有达到宋代的发达程度，所以，诗歌选集的正规出版显然不是一件容易的事情。但或许因为国人对于诗歌的本能喜好，在唐朝中晚期，还是有零星的诗集出现并局部流传。翻翻当时唐人编的诗歌集、名人录、作家大全之类，根本就没有杜甫的名字。连几本最重要的集子，如《玉台后集》《国秀集》《丹阳集》《中兴间气集》《河岳英灵集》等都没收录杜甫的诗。比如三卷《河岳英灵集》，连李嶷、阎防都选上了，但就是没有杜甫。可能有人会说，这些诗集或者

名人录，都是选集，不是全集，并且选录者本人存在这样那样的观点偏颇，所以，虽然这些选集没有收录杜甫的诗歌，但这并不能证明杜甫的诗歌受到当时人们的冷落。这就明显有点牵强附会了，某一个诗歌集子，没有入选，还可以理解，但好几个集子都没有入选，则总可以在一定程度上反映杜甫诗歌在当时的境遇了。

更为关键的是，当时的人们送给杜甫的诗歌极少。可能又有人会说，诗歌在漫长的历史进程中难免会不断流失，说不定当时杜甫的朋友与杜甫之间也有很多唱和酬答鼓励褒奖之作，但因为某种原因，这些作品慢慢失传了。这种可能不能说不存在，但应该承认，存在的可能性很小。毕竟到了宋初，文坛的主流就开始高度重视杜甫的诗歌了，并且竭尽全力予以搜集整理，如果真的有大量的朋友呈送赠送给杜甫的诗作，那就一定不会流失殆尽。但今天，我们看到杜甫的诗集里，杜甫写给朋友们的诗数量惊人，在现有的杜甫诗歌全集里，杜甫先后写给李白的诗作至少有23首，但李白明确写给杜甫的诗歌流传至今的不过3首而已，并且其中最为脍炙人口的还是"借问别来太瘦生，总为从前作诗苦"的讥诮之词。无论从哪个角度看，别人对于杜甫的情感厚度都远远不如杜甫对别人的情感厚度，这种差别，当然值得探究。

杜甫和他的诗歌为什么不受时人欢迎呢？

如今我们已无法直接向杜甫讨教，只能根据个人的一些肤浅理解作出一些推测。个人觉得，杜甫活着的时候觉得"百年歌自苦，未见有知音"，备感孤独，主要是有以下三大原因。

（一）特殊的童年成长环境

根据正史记载，杜甫幼年丧母且体弱多病，父亲一直在外做官，所以从小就由洛阳的姑母一手带大。这种缺少母爱和父爱的特殊的童年成长环境，使得杜甫内心深处缺少安全感，由此奠定了杜甫多愁善感的性格特征，很难改变。这就可以非常有力地解释杜甫成年之后命运多舛的成因。这种不安全感，会让一个人到了任何一个地方都难以安生，难以扎根，从而会不断寻求新的目标，新的落脚点，不断开启新的征程。对于一个能力非常强大的人而言，这往往有极大可能开创出一番伟业，但对于一个文弱书生来说，这往往意味着颠沛流离、漂泊无定的人生命运。不幸的是，杜甫大概正好印证了后者。身体强健的人很难理解身体虚弱者的哀伤与苦痛。不难想象，即便是在天下安定的时期，在过往的比较落后的农业生产技术和医疗条件下，一家数口要想长年衣食无忧是极其艰难的，如果一家之主再体弱多病，则景象更加凄惨。而杜甫童年时代就身体不好，到了中年之后，则又有各种疾病缠身，这也导致他什么事情都很难做长久——任何一个职业一开始都难免显得陌生而新奇，稍久之后，就是重复和累赘的痛苦，而杜甫因为身体不好，恰恰忍受不了这样的单调和重复。比如，在成都生活时期，他的好友严武向朝廷表奏，给杜甫谋了个检校工部员外郎职位，原本是可以在严武的幕府里帮着好朋友认真严谨地处理很多日常性事务，有效减轻老朋友的负担的，但杜甫干了没有几个月，就无法再坚持下去了，表面上看，这都是因为幕府关系复杂，让杜甫心力交瘁，笔者认为，其实背后的根本原因还是杜甫身体不好——人一旦身体不好，干什么事情都分外艰难，很容易看谁都不是十分顺眼，自怨自怜，自怜自怨。于是，最后的结局就是纷纷扰扰，一事无成。越是事情做不好，就越不可能拥有改变命运的机会，于是形成了恶性循环，而完成这个恶性循环最后闭环的必定是心有余而力不足的、禁不起风吹雨打的身体。这方面，杜甫给后来者树立了十分典型而沉重的榜样。今天的人们，要想成就一番事业，挣脱命运的低端纠缠，那么就一定离不开一个强健的体魄作为基础。

总而言之，身体不好的人很难获得大好机会，即便时来运转，能侥幸获得一丝机遇，也很容易因为自身的原因而最终失之交臂。

（二）不擅长人情世故

人生在世，精于处理人际关系的能力也是非常重要的。这种能力在心理学上表述为情商。所谓情商，是指人在情绪、意志、耐受挫折等方面的品质。情商是一种认识、了解、控制情绪的能力。情商高的人可以控制情绪，从而增强理解他人及与他人相处的能力。一个人要想身边矛盾少一点，关系简单点，就离不开情商的基本支撑。我们看杜甫流传下来的 1458 首诗歌和少量的文赋，可以看出他不是一个精于人情世故的人。人们可能会说，这个世界上又有几个诗人在人际关系方面能够应付自如呢？当然，我不否认，这样的诗人的确是相对少数，但少数并不等于没有。其实，杜甫的老大哥李白，就绝对是一个情商不低的人，虽然才华确实比较出众，但他很善于为自己造势，也善于结交上层，充分走上层路线，即便被唐玄宗赐金放还，但"江湖大佬"的地位反倒是越发巩固了，所以，虽然胸中难免有几分郁闷，但周游天下，总是会得到很多人的追捧，于是就可以"五花马，千金裘，呼儿将出换美酒"，这样的生活质量肯定要比杜甫"为人性僻耽佳句，语不惊人死不休"导致的穷困潦倒的惨景好得不是一星半点。《新唐书》曾对杜甫酒醉后斥责好友严武的事有所记载，这在一定程度可以说明杜甫一生，内心沉重，不善交际，举轻若重，动辄得罪他人而不自知。

情商的学习比单纯的读书背诵写诗作文要难很多很多，非得有父母、老师、朋友等于具体生活细节中耐心引导，并且需要久久为功，绝不可能一蹴而就。

（三）人性的某种"缺陷"

任何一个时代，从本能上而言，人们大都喜欢轻松明快的东西。在大唐时代，人们更喜欢李白的潇洒飘逸，可谓欢欣鼓舞，趣味盎然。反观杜甫的诗，总是"朱门酒肉臭，路有冻死骨"，总是"自经丧乱少睡眠，长夜沾湿何由彻"，总是"新鬼烦冤旧鬼哭，天阴雨湿声啾啾"，总是"戎马关山北，凭轩涕泗流"，这样的诗歌作品没有受到当时人们的欢迎和追捧是不难理解的。

四 杜甫诗歌的代表作

所谓代表作，就是最能显示作者思想水平或艺术水准的作品。杜甫终其一生创作并流传至今的诗歌作品有 1400 多首，除非专业的杜甫诗歌研究者，普通人是不可能对其全部作品都进行深入研读的，那么，提出代表作这个概念就显得尤为重要了。从 1400 多首诗里挑选出能够代表杜甫思想水平和艺术水准的作品，显然也并非易事。这是一个见仁见智的话题。我的观点是杜甫诗歌代表作品大致包括以下：《望岳》《丽人行》《兵车行》《三吏三别》《茅屋为秋风所破歌》《自京赴奉先县咏怀五百字》《羌村三首》《秋兴八首》《登高》等。我们从这些代表作的研读中，也可以感受到前面所说的"沉郁顿挫"的诗歌特点。下面对这些作品进行简要分析。

根据主流文学史的观点，《望岳》是杜甫流传下来的全部诗歌作品中最早的一首。这是一首古体诗，用词简洁，毫无华丽雕琢之感，但透过全诗，一个心中激情澎湃立志干出一番事业，报效国家，光宗耀祖的有为青年的形象跃然纸上。

《丽人行》依然是古体诗，属于句法相对自由的歌行体。全诗通过描写杨氏兄妹曲江春游的情景，揭露了统治者荒淫腐朽作威作福的丑态，从一个角度反映了安史之乱前夕的长安城的社会现实。从这首诗中，也可以明显感受到杜甫对于当时的统治者敢于辛辣批评的个性特点。

《兵车行》同样属于歌行体。从诗歌意思大体可以看出，也是创作于安史之乱之前。很多热爱国家民族的文人都具有敏锐的感受能力，杜甫也是一个典型的例子。尽管在安史之乱之前，表面上看起来大唐照样盛世繁华，长安城里一切与往日没有任何区别，很多人纸醉金迷，肆意挥洒，但敏锐的杜甫已经强烈感受到山雨欲来风满楼的危险气息——因为过度热衷开疆拓土，频频对外用兵，底层百姓深受兵役之苦，统治者却对此丝毫不以为意。如果在安史之乱爆发之后回过头来看，我们不难看出杜甫有一种时事记者的敏锐洞察力。这是值得敬佩的，其本质还是源于杜甫的目光向下。

《三吏三别》则是安史之乱爆发之后，杜甫一路逃难途中看到的种种惨烈景象并予以真实记录。

《茅屋为秋风所破歌》是其定居成都时的一次意外，个人觉得从这首诗中最能窥见杜甫作为一个目光向下的诗人的悲悯情怀和人格魅力。下文将对这首诗进行详细导读。

《北征》是杜甫流传至今的诗歌中最长的一篇。这首长篇叙事诗是杜甫在唐肃宗至德二载（公元757年）闰八月写的，共140句。它像是用诗歌体裁写的陈情表，是这位在职的左拾遗向肃宗皇帝李亨汇报自己探亲路上及到家以后的见闻感想。它结构自然而精当，笔调朴实而深沉，充满忧国忧民的情思，怀抱中兴国家的希望，反映了当时的政治形势和社会现实，表达了人民的情绪和愿望。全诗五大段，按照"北征"即从朝廷所在的凤翔到杜甫家小所在的鄜州的历程，依次叙述了蒙恩放归探亲、辞别朝廷登程时的忧虑情怀，归途所见景象和引起的感慨，到家后与妻子儿女团聚的悲喜交集情景，在家中关切国家形势和提出如何借用回纥兵力的建议，最后回顾了朝廷在安禄山叛乱后的可喜变化和表达了自己对国家前途的信心、对肃宗中兴的期望。它像上表奏章一样，写明年月日，谨称"臣甫"，恪守臣节，忠悃陈情。先说离职的不安，次叙征途的观感，再述家室的情形，更论国策的得失，最后归结到歌功颂德。这一结构合乎礼数，尽其谏职，顺理成章，而见美刺。不难看到，诗人采用这样类似陈情表的构思，显然出于他"奉儒守官"的思想修养和"别裁伪体"的创作要求，更凝聚着他与国家、人民休戚与共的深厚感情。

五　杜甫擅长的诗歌体裁

从今天的诗歌分类标准看，唐朝的诗歌可以分为古体诗和格律诗，其中格律诗里又分绝句和律诗，律诗里又大体可以分为五律、七律和排律。在笔者看来，杜甫几乎擅长于所有的诗歌体裁，但艺术成就最高的应该就是两大类：一是古体诗（古风），比如《望岳》《丽人行》《兵车行》《茅屋为秋风所破歌》等，二是律诗尤其是排律，比如《登高》《旅夜书怀》《风疾舟中伏枕抒怀》《遣兴》等。

六　杜甫代表作品导读

接下来，让我们以《茅屋为秋风所破歌》为例，感受杜甫作为一个传统儒家思想践行者的人格魅力。

八月秋高风怒号,卷我屋上三重茅。茅飞渡江洒江郊,高者挂罥长林梢,下者飘转沉塘坳。南村群童欺我老无力,忍能对面为盗贼。公然抱茅入竹去,唇焦口燥呼不得,归来倚杖自叹息。俄顷风定云墨色,秋天漠漠向昏黑。布衾多年冷似铁,娇儿恶卧踏里裂。床头屋漏无干处,雨脚如麻未断绝。自经丧乱少睡眠,长夜沾湿何由彻!安得广厦千万间,大庇天下寒士俱欢颜!风雨不动安如山。呜呼!何时眼前突兀见此屋,吾庐独破受冻死亦足!

　　此首诗歌一如杜甫绝大多数诗歌一样,意思很浅显,如同平常的生活。就像一篇底层百姓的日记一样,记载了他辛辛苦苦求爷爷告奶奶好不容易修好的茅屋,却在狂风和暴雨的侵袭之下破败不堪进而极度困窘的经历。今天的很多中国人,虽然未必有高楼大厦可居,但钢筋水泥的房屋早已不畏风雨,所以,对于秋日狂风和暴雨对于年老体衰的诗人的冲击难以感同身受。而我却足足可以从这首诗里读出不一样的味道,因为笔者小时候家里房屋破旧,经常遭受雨水侵袭,乃至有墙垣轰然倒塌差点一命呜呼的悲惨而侥幸的经历。南京大学莫砺锋教授在自己的著作里也表达过类似的意思。这首诗文意浅显,字句普通,但感情却格外真挚,所以完全可以称为杜甫的代表作之一。这首诗之所以千百年来打动无数的人,其价值在于"先人后己,有人无己"的高尚情怀。当下,有些人陷入与周围环境的惨烈竞争中难以自拔,慢慢形成周围人都是敌人的可悲心态,进而导致社会惨剧发生,这是值得警惕和惋惜的。人们常说"以文化人",究竟怎么化?恐怕也只能依靠优秀的作品鼓舞人、感动人,让人心深处的坚冰慢慢融化,从而能感受到社会的温暖并且逐渐能够向社会传递温暖。杜甫的这首《茅屋为秋风所破歌》显然就是这方面的佳作之一。遭遇一场不期而至的大风大雨,在极度困窘之中,他有足够的资格去咒骂社会,咒骂官员，咒骂大唐朝廷，但杜甫没有如此，而是想到了别人，想到了天下寒士，想到了与自己一样艰难困苦的人。这就是一种境界，一种情怀，一种高贵的品格，一种大爱。当代社会，凭借科技的伟力，物质极大丰富，绝大多数人显然已经不需要承受被秋风秋雨欺凌的苦楚了，但因为心态和思维方式而走入死胡同的人不但不见减少，反而有不断增加之势，这个时候，杜甫的《茅屋为秋风所破歌》恐怕真的可以成为这个群体的心灵解药。

当然，现在的诗歌解读类的书籍也很多，有意者可以酌情购买一些，对杜甫的其他诗歌进行深入学习感悟。

 七　杜甫诗歌的当代意义

一切历史都是当代史。我们学习古人，学习古人的作品，恐怕最核心的还是希望能够为当下有所借鉴，有所裨益。杜甫的精神价值显然穿越了漫长时空，一直到今天依然星光熠熠，值得我们去仰慕、去走近、去体味。个人觉得，杜甫和杜甫诗歌的价值维度有以下四点。

（一）爱国情怀

杜甫的精神品格显然具有多维度，但最关键的、最打动人心的就是忠君爱国，所谓"一饭不忘君"（苏轼语）。

1.珍爱国家

中国传统士大夫一般都有家国情怀，这是有久远的思想熏陶和

文化基础的，在《大学》一书中就有了所谓正心诚意修身齐家治国平天下，人们在努力想为国家做事的同时，自然也就慢慢养成了爱护国家的心理基础。而对于杜甫来说，可能还要更进一步，就是"珍爱国家"。比如在《哀王孙》一诗中，他就对唐王朝的皇子皇孙遭到安禄山的杀戮而深表痛心，"金鞭折断九马死，骨肉不得同驰驱"，而且还对大唐中兴充满希望，"哀哉王孙慎勿疏，五陵佳气无时无"。即便在他留下的最后一篇诗作同时也是遗书的《风疾舟中伏枕抒怀》里，所表现出的依然是深深眷念着这个千疮百孔的国家。这样真挚而热切的爱国情怀，无论是在大唐还是后来的朝代里，都熠熠生辉。

2. 敢于批评

一般来说，无论多么强大美好的国家，从个体的角度去看，都难免会有些许不足。从个人体会出发，作出一些相对平和的批评或者善意的提醒，这恰恰是爱国的重要体现。在这方面，杜甫其实也给我们作出了榜样。前面提到的《丽人行》，通篇就充满着极为辛辣的讽刺，对杨玉环一家的奢靡浪费以及当时皇帝的昏庸误国毫不客气地提出批评，即便是在大唐时代，这也需要一番勇气的。杜甫的敢于批评，还表现在被安禄山软禁在长安城里，乱世纷扰，虎狼当道，他随时都可能有性命之忧，但他依然对安禄山、史思明的叛军进行了一定程度的批判，比如《哀江头》等诗。足见杜甫是一个很有气节的文人。

（二）平民视角

统观整个中国古代，文人的书写视角当然很多，就好比《诗经》还分成风雅颂三类，分类的依据其实就是关注的视角不一样——关注底层百姓的即为风；关注贵族的即为雅；关注庙堂之高的即为颂。我们应该承认，中国从《诗经》以下，真正具有平民视角的文人不算多，杜甫则正是其中之一，当然难能可贵。这或许从根本上来说还是与他颠沛流离的中年生活有密切关系。在杜甫的笔下，被打得落花流水的朝廷军队（"孟冬十郡良家子，血作陈陶泽中水。野旷天清无战声，四万义军同日死。"），被强行征兵的乡村少年（"耶娘妻子走相送，尘埃不见咸阳桥。牵衣顿足拦道哭，哭声直上干云霄。"），衣不蔽体的三峡砍柴挑柴女（"夔州处女发半华，四十五十无夫家。更遭丧乱嫁不售，一生抱恨长咨嗟。"），还有他在成都草堂的那些普通的邻居（"肯与邻翁相对饮，隔篱呼取尽余杯。"），等等，杜甫的诗歌对他们寄寓了无尽的同情。这种平民视角对今天的文学界甚至史学界依然具有极其重要的参考意义。

（三）前瞻视野

作为官宦之后的杜甫，其实并不仅仅是一个普通的文人，他也曾具有宏伟的治国安邦的理想，所谓"致君尧舜上，再使风俗淳"。在这种宏大理想的感召之下，杜甫对于时代政治生活有着密切的关注和深入的思考，体现在文字上，就是某些诗歌体现出极为高明的前瞻性观察思考和预警。比如其出塞诗系列，对于战争，对于边疆管理，对于国家的长治久安等重大问题，都有自己的思考，其中"苟能制侵陵，岂在多杀伤"可以说是一个优秀的知识分子对于整个大唐政治军事方略的一种细致的拷问，颇有功力和见地。这绝对不仅仅只是一个文人的仁爱之心，而且还深刻地揭示了唐王朝的某种宿命——急切地开疆拓土，最后的军事治理就饱含风险，后来的历史进程也证明了杜甫的担忧是有道理的。同时，他在《兵车行》长诗中，也对当时朝廷的穷兵黩武、好大喜功进行了一定程度的批评。当时的人们或许看不到杜甫的高明，但历史的尘埃落定之后，再回过头看，就能看出杜甫对于国家走向的前瞻性思考。

（四）个体事无巨细的记录

毋庸置疑，作为一个诗人，杜甫是敏感的，对于生活中的点点滴滴方方面面都有属于自己的观察与感动，并且愿意不辞辛劳地予以记录。这样的记录对于他自己和身边的人，首先是有意义的，但意义究竟多大，值得讨论。不过，个体的生命历程从来都折射着时代的背景。正是因为杜甫如此不辞辛劳事无巨细地记录生活，才让我们后人得以从一个小人物的角度去观察久远的大唐王朝，获得很多前所未有的体验和观感。试想，如果没有杜甫那些详细的记录，我们看到的大唐历史将会多么宏观，就如同一副苍白的人体骨架，看不到血脉、看不到容颜；而有了杜甫流传至今的1400多首个体化记录的诗歌作品，让我们看到历史宏观叙事遮蔽下的微观，具有不可替代的史学价值和文化价值。今天的人们，如果愿意，也应该努力书写，不怕烦琐，不怕平庸，坚持下去，就是价值。

结语：杜甫一生是波澜起伏的一生，也是勉力奋斗的一生，更是颠沛流离的一生，还是极度孤独的一生。因为他的出身，他的童年，他的气质以及复杂多变的时代共同造就了杜甫所欲不遂、极为惨淡的肉身生活，但也造就了其百年之后的英名远播，代代相传。这或许就是历史的奇异之处。我们应该为自己身为一个中国人而感到庆幸——大唐的雍容华贵和烽烟滚滚之中孕育了那么多才华横溢的诗人，让今天的我们有诗可读，有文可诵，有旧可怀，有古可思，有感可发。更为关键的是，当我们遇到生活中的挫折和苦难的时候，我们可以找到那个可以给予我们温暖和力量的人。

 思考题：

1. 你能举出童年经历与人生命运轨迹有直接关系的其他例证吗？
2. 在杜甫的诗歌中，你最喜欢哪一首？为什么？
3. 你能根据现有资料，画出所谓的"杜甫流浪地图"吗？
4. 杜甫的诗歌体量巨大，就像私人日记。你觉得这样的个体记录，对于时代和历史有什么价值？
5. 郭沫若先生曾经写过一本名叫《李白与杜甫》的书，影响很广泛。你知道此书吗？你同意书中的主要观点吗？

 参考资料：

[1] 萧涤非. 杜甫全集校注 [M]. 北京：人民文学出版社，2014.

读书感悟：

_____
_____
_____
_____
_____

历史社会视角下的《红楼梦》

《红楼梦》导读

◎ 郭 娜

《红楼梦》对当代大学生来说无疑是一本既熟悉又陌生的名著。说熟悉，几乎人人都能叫得出书中几个人物的名字。身边有长相清秀、爱使小性的女孩子我们会戏称她是"林妹妹"；如果哪个男孩子爱在女孩儿堆里玩，长辈们会忧心忡忡地说"不会咱们家生了个'贾宝玉'吧"；如果是一位风风火火且办事利索、嘴上不饶人的女强人，则往往会有个"凤辣子"的雅号。可见书里的角色已经沁入人心，甚至融入中国人的日常生活。但是如果我问你读过几遍《红楼梦》？作者曹雪芹的身世生平？《红楼梦》的艺术性和现实意义？高鹗续书的优劣？恐怕能全部对答如流的同学寥寥。当然我们的同学里也不乏有许多"红迷"，但与其他"饭团粉丝"相比，则真的是少得可怜。最让人忧心的是笔者发现近些年来学生们甚至羞于提及《红楼梦》，好像爱看《红楼梦》是一件很丢人的事情，至少是一件不够时尚的事情。近来很多读书节目请一些"名人"推荐书单，很少听到有人推荐这本书。这本集天地灵气于一身的奇书好像突然失去了几百年来的光彩而泯然于众人，可悲可叹！笔者有时候会思考为什么会造成今天这种局面，是时代的发展让《红楼梦》的价值贬损了吗？还是网络的蓬勃让人们很难去"品味"她的内涵吗？抑或是社会的压力让我们无法沉浸在那个虚幻的"大观园"里呢？好像很难给出一个合理的解释和答案，但至少在笔者心里，这些都不是理由。如果你在夜深人静之时认真读过这部著作，咀嚼过"满纸荒唐言，一把辛酸泪"的绝妙文字，感同身受地去聆听曹雪芹在那个悲凉时代下的呐喊，你就一定很难再拒绝她，你也一定会想更加贴近她。以下的这些文字或许能帮到你，哪怕是像清风一阵吹开书的一角，也足以慰藉。

 《红楼梦》作者及家世探讨

要走进《红楼梦》，我们要先从中国伟大的文学家之一曹雪芹谈起。曹雪芹（约1715—1763），名沾，字梦阮，号雪芹，又号芹溪、芹圃，出生于江宁（今南京）。曹雪芹出身清代内务府正白旗包衣世家，是江宁织造曹寅之孙，曹颙之子（一说曹頫之子）。曾祖父曹玺任江宁织造；曾祖母孙氏做过康熙帝的乳母；祖父曹寅做过康熙帝的伴读和御前侍卫，后任江宁织造，兼任两淮巡盐监察御使，极受康熙宠信。雍正六年（1728年），曹家因亏空获罪被抄家，曹雪芹随家人迁回北京老宅。后又移居北京西郊，靠卖字画和朋友救济为生。从曹雪芹的生平可以看出，他一生虽短，但横跨康雍乾三朝，"康乾盛世"是中国封建社会最后的回光返照，无论是人口、经济还是文化都达到了历史的顶峰，但同时这个时代又充满了动荡、饥馑、阴谋和愚昧，可说是繁花似锦其外，凋零落败其中。在这样一个大历史背景之下去解读曹雪芹的"字字看来皆是血，十年辛苦不寻常"，才不会陷入虚无缥缈的怪圈。因此，让我们慢慢展开这幅泛黄的历史长卷，随着曹

雪芹去赴那一场草草散场的盛宴吧……

　　1715年，清圣祖康熙五十四年，时任江宁织造的曹颙在北京述职期间病逝。康熙大帝恩旨，以曹颙堂弟曹頫过继给曹寅，接任江宁织造。就在这一年的五月，曹颙的遗腹子曹雪芹在南京织造府出世。也有一说曹雪芹是曹頫的儿子，两种说法各抒己见，考证曹雪芹的身世不属于我们"导读"的范畴，有兴趣的读者可以去看红学大家的著作。但不管曹雪芹的生父为谁，他出生之时家族仍然"沾沐"皇恩，于是"沾"的名字由此而来。《诗经·小雅·信南山》中"既优既渥，既沾既足，生我百谷"，有"世沾皇恩"之意。世沾皇恩丝毫不假，从曹雪芹的曾祖父曹玺说起。曹玺为正白旗的内务府包衣，也称包衣阿哈，系满语音译，"家仆"之意。"包衣"是一个很特殊的群体，他的身份是家奴，但这个奴才的主子不是普通的地主老财而是皇家，上三旗（正黄旗、镶黄旗、正白旗）直接归属皇帝管辖，因此可以说是皇帝的奴才。尤其是清兵入关之时，很多"包衣"都立有军功，因此皇帝往往把一些关键职位留给自己的"家奴"。而曹玺这位包衣就成为了江宁织造的首任长官（员外郎）。稍懂些历史的读者应该都听过江宁织造局这个名字，江宁织造与苏州织造、杭州织造都是为皇家采购丝绸的部门，其中以江宁织造为首。毋庸置疑，这个半官半商的职务"油水"极大，皇帝派一般人去担任肯定不放心，明朝主要是派宦官去管理，但从康熙开始，为了革除明朝宦官干政的顽疾，改由内务府派遣大臣前往。当然这三个织造府并不仅仅只是负责供给丝绸，还有一个更重要的任务就是"采风使"，也可以说是皇帝在江南地区的密探耳目。上至督抚，下至百姓，天气、农桑、民风、官声皆可上奏。这一项特权决定了这个五品织造郎中的地位，即便如两江总督这样的封疆大吏也要退让三分。而随着曹玺的儿子曹寅继任，曹府更是达到烈火烹油之盛。

曹寅，字子清，号荔轩，又号楝亭，十六岁时入宫为康熙銮仪卫。康熙二十九年任苏州织造，三年后移任江宁织造。康熙六次南巡，其中四次皆住曹寅家。曹寅只比康熙大四岁，是康熙帝从小的玩伴和伴读，曹寅之母孙氏做过康熙的保姆，要知道这重关系是很特殊的。在清朝，对皇子的教育和规矩极为严格，甚至到了苛刻的地步。皇子身边最亲近之人往往不是亲生父母，而是养育他们长大的乳母和保姆。康熙南巡时曾拉着孙氏的手对其他人说"此吾家老人"，并亲自题写"萱瑞堂"三字。按照时间推算，康熙十六岁擒鳌拜的时候曹寅正是他的御前侍卫之一，因此应该也参与了整个擒拿过程，所以康熙对曹寅的信任更胜乃父，并让他兼任了两淮盐运使的肥差（笔者按，影视剧《康熙王朝》里魏东亭角色的原型应该就有曹寅的影子）。曹寅风流儒雅、文才华赡，对康熙忠心耿耿，又能礼贤下士，深得江南文人的赞佩。曹寅在江南二十多年认真执行康熙皇帝笼络南方士子、磨灭其反清意识的既定政策，曹寅因主持东南风雅而众望所归，在江南地区享有极高的声誉。康熙四十四年五月，曹寅奉旨总理扬州书局，负责校刊《全唐诗》，次年九月刊毕试印，"进呈御览"。纵观曹寅一生，可说是风光无限，上得皇帝信任，下获文人钦慕，但他内心深处并不见得快乐，他的身上充满矛盾。他是汉族，又是旗人；是包衣，又是官员。他所担任的职务虽是最能捞钱的肥差，却又为正途出身的汉族官员所不齿。他若唯以捞钱为能事倒也罢了，偏偏他又是风流儒雅的人物，是诗人、戏剧家、藏书家、出版家。他在写给友人的诗中言到："枣梨欢罄头将雪，身世悲深麦亦秋。人群往往避僚友，就中唯感赋登楼。"很形象地写出了他的这种灵魂深处的悲凉。可以说曹寅一生都谨小慎微，如履薄冰，他唯有放低自己的独立人格，做一个合格的奴才才能保住全家的"荣华富贵"。但他真的可以保住曹氏一门的"富贵绵长"吗？康熙五十一年，曹寅没有等到康熙御赐的金鸡纳霜（治疗疟疾的药物）而在扬州病逝，他的内兄，苏州织造李煦奏折上说：弥留之际，核算出亏空库银二十三万两，而且曹寅已经没有资产可以补上，"身虽死而目未瞑"。这笔亏空康熙并没有因为人走茶凉而追究，还特命曹寅之子曹颙继任江宁织造，两年后曹颙病故，康熙又亲自主持将曹寅的四侄曹頫过继过来，接任了江宁织造的职务。同时康熙又让曹寅的大舅子苏州织造李煦代补齐曹寅生前的亏空。康熙之恩不可谓不隆，但这笔笔亏空最后还是给曹家种下了衰败的祸根。

随着雍正登基，曹家这个诗礼簪缨之族即将面临灭顶之灾。雍正五年（1727年），曹雪芹十三岁（虚岁），十二月，时任江宁织造员外郎的曹頫以骚扰驿站、织造亏空、转移财产等罪被革职入狱，次年正月元宵节前被抄家。"呼喇喇如大厦倾，昏惨惨似灯将尽""好一似食尽鸟投林，落一片白茫茫大地真干净！"父子两代，曹家境遇如天壤之别，这其实也是历史的必然。康熙选定的这个继承人与他自己的气质性格迥异。康熙在中国历代皇帝中以"人情味浓"而闻名。他为人真诚坦率，待人和蔼可亲，处事宽厚大度，从他对待曹家的种种袒护即可看出。但皇帝并不是"万寿无疆"，随着康熙大帝的驾崩，继任者雍正皇帝却眼里揉不得沙子，个性刚介，他一改康熙晚年诸事宽纵、腐败蔓延的乱象，为大清王朝殚精竭虑了十三年。但过犹不及，他对官员们过于严厉，在反贪过程中对所有贪污侵占行为都不宽容，动不动就抄家罚银，使无数官员倾家荡产，获得了"抄家皇帝"的恶名。曹家亏空的原因是复杂的，并不能简单地定性为贪腐。要知道四次接驾康熙所花银两如"流水一般"，另外，作为内务府的直属衙门，织造局实际上就是皇帝的小金库，很多亏空银两其实是曹家填了皇室奢靡生活的无底洞了。正因如此，两江总督噶礼弹劾曹寅和李煦亏欠公银三百万两时，康熙才留中不发，并私下叮咛曹李两家尽快把亏空补上，因为康熙知道，这个亏空是皇家的亏空，但曹寅面对茫茫债海，已经无法弥补，也没有能力挽回局面。但雍正不管这么多，他为政刚猛，一往无前，且曹家一直是"八爷党"（曹家一直是支持在江南文人中深孚众望的八阿哥胤禩的），因此打击起来毫不手软，不让曹家倾家荡产决不罢休。

因此，从曹雪芹十三岁开始，曹家境况一蹶不振，日渐衰微，也正是因为生活的云泥之别，才使得他看透人生百态，在隐居北京西山的十多年间，以坚韧不拔的毅力"披阅十载，增删五次"，写成了巨著《红楼梦》，为后世留下了一块无价的文化瑰宝。

无才可与补苍天，枉入红尘若许年！
此系身前身后事，倩谁寄去作神传？

——曹雪芹

二　《红楼梦》中的精彩人物赏析

曹雪芹的文心笔意，处处有其特点特色，我辈常人很难尽窥。要用三言两语讲清楚《红楼梦》的艺术性和现实意义更是"不可能"之任务。但初读《红楼梦》的读者往往很容易就被曹雪芹笔下的人物所吸引，不单是像宝黛钗这样的主角，即便是如刘姥姥、焦大、多姑娘这样的配角，甚至是仅寥寥数笔的人物，都刻画得精彩绝伦，让人过目难忘。笔者小时候读《红楼梦》时，也是先从一个个鲜活的人物开始喜欢的，因此，我想从人物的角度去谈这部书的艺术性和现实意义，可能更容易让读者觉得容易理解和接受。这部巨著中写得精彩的人物实在太多，一一都介绍给大家的话是不现实的，故在此仅仅选择林黛玉、薛宝钗和贾宝玉这三个主要人物，从他们身上读者将感受到这部巨著的艺术与现实。

  林黛玉，林如海与贾敏之女。父亲林如海祖上世袭侯爵，至本人以科第（探花）出身，历任"兰台寺大夫""巡盐御史"等职。母亲贾敏是贾代善与贾母三个子女里最小的一个，也是贾母最疼爱的女儿。用曹雪芹的话说，黛玉的出身"虽系钟鼎之家，却亦是书香之族"。说到这里，我们不妨比较一下宝钗的身世。整本《红楼梦》中作者一直称呼宝钗的母亲为"薛姨妈"，但黛玉的母亲在第二回标题里则是"贾夫人"，从这个细微的差别上我们可以看出，宝钗的父亲应该没有什么官职，薛家是赖着祖父旧日情分，在户部挂个虚名，薛家的皇商身份是有钱无职，甚至"皇商"也不是一个正式身份，而只是一种民间说法。另外，薛家没有爵位袭承。"公侯伯子男"，贾府是最高爵位"公"，而且是双"公"，宁荣二府各自承袭一支，史家是侯爵，王家是伯爵，只有薛家没有爵位，那就必须参加科举，否则后代很难为官。夫婿和儿子无官，薛姨妈也没有诰封，所以当元妃省亲时薛姨妈"无职"未敢擅入也是理所当然的。从薛姨妈在贾府的言谈举止，我们也可以猜测出她的文化水平也不高，不然薛蟠也不会如此粗鄙不堪。因此，从家庭教育到社会地位，林黛玉与薛宝钗相比都是有优势的，林黛玉才真正是官宦人家的千金小姐，而薛宝钗除了家庭财富以外，其实社会地位比黛玉相差较远。笔者之所以长篇累牍地把薛林的家庭身世作一个比较，就是因为一个人的性格发展绝对不是"无源之水"。"原生家庭"给黛玉宝钗迥然不同的为人处世方式带来了深刻的影响。林黛玉身上带着明显的"官宦"气息，而宝钗身上则带着与生俱来的"商"味。比如在第四十二回"蘅芜君兰言解疑语，潇湘子雅谑补余香"中，薛宝钗为惜春开出的画园子的单子，里面包罗万象，从笔墨纸砚到各色画画用的耗材一应俱全，甚至斤两、价格都一清二楚，这哪是一位未出阁的大家闺秀应该了解的，就是经年的账房先生估计也没她算得清楚。而黛玉的表现是什么呢？"黛玉笑道，你要生姜和酱这些佐料，我替你要口锅来，好炒颜色吃"，妥妥的一个不知茶米油盐的深闺千金，她还打趣宝钗是"糊涂了，把她的嫁妆单子也写上了"，气得宝钗把她按到炕上拧她的脸。这一回把二人的性格刻画得十分生动。因为在这之前，宝钗与黛玉前嫌尽释，黛玉在宝钗面前彻底地放纵了一把天性，把她平时那股子狡黠诙谐又天真可爱的一面发挥得淋漓尽致。而宝钗活脱脱的一个深谙世道的大管家，其计算之准确、考虑之周详让人叹为观止。另外，从林黛玉和薛宝钗对待他人的态度也可以看出他们的不同。很多读者喜欢说林黛玉有点"尖酸刻薄"，用现在的话就是有点"矫情"。经常举的例子之一就是第七回里周瑞家的给她送宫花，因为周瑞家的最后一个拿给她，就被她当场训斥"别人不挑剩下的，也不给我"。其实，林黛玉的这种训斥正是她"官"味的表现，因为周瑞家送宫花的顺序确实非常失礼。如果"三春"姐妹住在王夫人院子后面，她图近便先送给她们尚且可以理解，但她先给王熙凤，再送黛玉的顺序则非常不合理。首先，黛玉是客，王熙凤是主家管事；其次，黛玉年龄小，王熙凤年龄大，且是黛玉的嫂子。因此，无论从哪方面来说，都应该让黛玉先挑，再送给王熙凤。其实也很好理解，就像家里来了个客人，这时候你端上来一盘水果是先给客人带的六七岁的小妹妹呢，还是先给主人家二十岁的孩子？我想只要是略懂些礼数的人都会先给客人家的孩子吧。那作为一个对礼数非常敏感且初入贾府的女孩子，黛玉当然会恼怒了，至于周瑞家的是不是王夫人的陪嫁，不在她的考虑范围以内。这事如果换成是宝钗，她一定不会当面斥责周瑞家的，她肯定第一时间考虑到要顾及王夫人的面子，这与宝钗是不是"内心藏奸"毫无关系，而是一种天性使然。另外，从黛玉对待身外之物的态度也可以看出她对金钱根本不在意，比如第四十五回，她说宝玉什么时候有这"剖腹藏珠"的毛病，明明有玻璃绣球灯还舍不得用。在她看来，即便下雨脚滑摔了也有限。我们现代人可能不能理解"玻璃绣球灯"的价值，在明清时期，玻璃的价格可能比一般的宝石还要高，连宝玉这种富贵闲人都舍不得用，在黛玉眼里摔就摔了，可见黛玉金钱观是极淡的。一个宝钗差遣来送燕窝的婆子，她张嘴就是拿几百钱给她打酒去，而婆子笑道："又破费姑娘赏酒吃"。一个"又"字可见给了不止一次了。因此，从这种种描写可以看出，林黛玉的"矫情"其实是对贵族礼仪的一种骨子里的认同，而宝钗的"大度"则更多是对较低的家族地位的一种保护。不用硬要分出孰优孰劣，因为家庭出身是无法选择的。

很多读者认为林黛玉"尖酸刻薄"，其实是一种误解，黛玉其实是非常知书达理的。从她初进贾府就可以看出，那个时候她才六七岁的样子，但行事作风稳重老练，甚至可以说是滴水不漏。笔者列举书中的两段文字，我们可以一起赏析一下。老祖宗让邢夫人领着黛玉去见大舅贾赦，贾赦托辞未见，邢夫人苦留吃晚饭。我们来看看六七岁的黛玉是如何回复的，简直是一段完美的外交辞令。"黛玉笑道：舅母爱恤吃饭原不应辞，只是还要过去拜见二舅舅，恐领赐去不恭，异日再领，未为不可，望舅母容谅。"短短几句话，既给足了邢夫人面子，又顾全了在二舅母王夫人面前的礼数，这哪像一个我们印象中的爱使小性的大小姐啊。从王夫人处回到贾母处，贾母问她读过什么书，黛玉道："只刚念了四书。"很多人没有仔细看这句话，什么是四书？四书是《论语》《孟子》《大学》《中庸》的合称，又称四子书，为历代儒家学子研习之核心书经。在明代，科举考试考的就是四书五经，按照黛玉的说法，六七岁的她已经把四书念完了，这是很了不起的事情，相当于上小学前就读完了大学课程，何况黛玉应该没有完全说实话，她实际读过的书肯定不仅仅是四书。黛玉又问："姐妹们读的什么书？"贾母道："读的什么书？不过是认得两个字，不是睁眼的瞎子就罢了！"从这句话来看，贾母对女孩子读书其实抱着可有可无的态度。因此，当宝玉后面进来，问黛玉："妹妹可曾读书？"黛玉便道："不曾读书，只上了一年学，些许认得几个字。"刚刚明明给外祖母说已经读过四书了，一看外祖母对读书这件事态度似有保留，等宝玉问起来就立马改口说不曾读书，口径与贾母一致——"不过是些许认得几个字罢了"。很多人说这是黛玉初入贾府，谨小慎微，处处小心，甚至有读者认为黛玉寄人篱下，委曲求全。其实完全不必过度解读，黛玉从小接受的就是这种儒家的礼仪教育，既然外祖母说了三个姐妹只认得几个字，那她就不能再显摆自己读书多，这是一种"无礼"的行径，会让贾母和三位姐妹难堪。她或许不谙世故，但绝对不是不晓得人情。黛玉的情商其实是极高的，但黛玉心里太过通透，眼里又容不得沙子。俗话说"水至清则无鱼"，她这种性格去看贾府上上下下的各种伎俩，自然什么也瞒不过她的眼睛。但她又是孤女投靠外祖母而来，说也说不得，心里又明镜似的，因此只能通过一些"刻薄话"和"使小性"来保护自己。她只是通过这些行为来为她自己的自尊"扎一个篱笆"而已。

而反观宝钗，待人接物稳重大方、行为豁达、随分从时，不比黛玉孤高自许、目下无尘，故比黛玉大得下人之心。便是那些小丫头们，也多喜与宝钗玩笑。看看曹雪芹给二人分别下的八字评语，宝钗是"行为豁达，随分从时"，黛玉是"孤高自许，目下无尘"。"行为豁达"比较容易理解，什么是"随分从时"呢？可以说，如果不能透彻理解"随分从时"的含义，对宝钗的理解就会走入误区。比如很多喜欢黛玉的读者就会觉得宝钗城府太深，内心"藏奸"。"分"和"时"代表的是自然之道，即天道。"分"指的是节候，比如春分、秋分；"时"指的是时令，比如冬暖夏凉、白昼黑夜等。"随分从时"其实就是顺其自然。既然冬去春来、日升月降是天道轮回，那就不以个人意志为转移，最舒服最简单的做法就是"顺随"。这就是宝钗的为人之道，且加上她心胸宽广，因此表现出来的就是行为豁达。父亲去世，是她人生中的一次巨大变故，这次变故对她造成的影响是被父亲宠爱的日子一去不复返了，同时宣告她作为千金小姐的生活结束了。面对这种变故，宝钗没有沉浸在自我哀怜和怨叹里，而是根据这种变故进行了自我调整，"见哥哥不能依贴母怀，他便不以书字为事，只留心针黹家计等事，好为母亲分忧解劳"。薛家是商家，贾府是儒家，薛家的家风和贾府不一样，也没有贾府这么多规矩。但既然住进了贾府，就必须入乡随俗，改变过去的习惯，顺应贾府的规矩，才能在贾府和睦相处。从宝钗的一些衣食住行来看，无论她吃的"冷香丸"，还是她雪洞一样的闺房，都有一些道家的痕迹。这些是宝钗的天性，不是装出来的，也不是忍出来的。但宝钗毕竟才是个十来岁的女孩子，她也有小孩子的脾气，只是很多读者可能没有发现罢了。最明显的是第三十六回至第三十八回，第三十六回"绣鸳鸯梦兆绛芸轩，识分定情悟梨香院"宝钗来寻宝玉，不巧宝玉正在午睡，她坐在床边拿着袭人为宝玉做的肚兜觉得可爱，拿起针线继续做起来，听到宝玉在梦中喊道："和尚道士的话，如何信得！什么金玉姻缘，我偏说是木石姻缘！"宝钗听了，不觉怔了。历来读者总觉得宝钗是在与黛玉争夺宝玉，其实原书中宝钗对宝玉并没有什么太多男女之情，宝钗对待宝玉其实是比较疏离的，因为她早就看出宝玉与黛玉之间的情分不比他人，而且她来贾府是准备待选的，儿女之情她本就没有放到心上。但金玉姻缘之说她肯定也是知晓的，心里对宝玉有些异样情愫也属正常。所以突然听到宝玉在梦中对金玉之说这么抵触和反感，作为一个十几岁的女孩子，心情肯定会低落的。因为她可以无心，但被人嫌弃的滋味是不好受的。宝钗当场无法发作，也不能发作，但不代表她内心无气。所以到了第三十八回，黛玉的菊花诗夺魁，宝玉喜得拍手叫道:"极是,极公道!"且写下"持蟹更喜桂阴凉,泼醋捣姜兴欲狂"的诗句,其为黛玉夺魁的高兴之情溢于言表,而黛玉也毫不掩饰地回应道:"铁甲长戈死未忘,堆盘色相喜先尝。"这个时候的宝钗终于忍无可忍,你们两小无猜也就算了,还在我面前公然"秀恩爱",是可忍孰不可忍!于是,宝钗写下了全书中讽刺最露骨的一首诗:

> 桂霭桐阴坐举觞,长安涎口盼重阳。
> 眼前道路无经纬,皮里春秋空黑黄。
> 酒未敌腥还用菊,性防积冷定须姜。
> 于今落釜成何益,月浦空余禾黍香。

这首诗讽刺世人之狠毒,绝不是宝钗平时的性格所为,但宝玉的种种行径实在是太让她憋气了,因此借着螃蟹诗喷薄而出,"眼前道路无经纬"就是讽刺宝玉的这种忘乎所以的行为。有些红学研究大家把这首诗看成是宝钗内心"藏奸"的罪证,真是有点言过其实了。这无非是一位十几岁的女孩子的愤懑之作,敲打一下宝玉黛玉不要太过露骨而已。正因为宝钗的这种"失态"之举,才更显得她真实可爱,虽然随分从时,但不代表她没有脾气。其实宝钗还蛮会讽刺人的,她不像黛玉那么咄咄逼人,但说出来的话也让人招架不住。第三十回宝玉黛玉刚刚闹过一场和好如初,宝玉错过了薛蟠的生日,与宝钗搭讪的这一段极为精彩。节录如下:

> 此时宝钗正在这里。那林黛玉只一言不发,挨着贾母坐下。宝玉没甚说的,便向宝钗笑道:"大哥哥好日子,偏生我又不好了,没别的礼送,连个头也不得磕去。大哥哥不知我病,倒像我懒,推故不去。倘或明儿恼了,姐姐替我分辨分辨。"宝钗笑道:"这也多事。你便要去也不敢惊动,何况身上不好,弟兄们日日一处,要存这个心倒生分了。"宝玉又笑道:"姐姐知道体谅

我就好了。"又道："姐姐怎么不看戏去？"宝钗道："我怕热，看了两出，热的很。要走，客又不散。我少不得推身上不好，就来了。"宝玉听说，自己由不得脸上没意思，只得又搭讪笑道："怪不得他们拿姐姐比杨妃，原来也体丰怯热。"宝钗听说，不由的大怒，待要怎样，又不好怎样。回思了一回，脸红起来，便冷笑了两声，说道："我倒像杨妃，只是没一个好哥哥好兄弟可以作得杨国忠的！"二人正说着，可巧小丫头靛儿因不见了扇子，和宝钗笑道："必是宝姑娘藏了我的。好姑娘，赏我罢。"宝钗指他道："你要仔细！我和你顽过，你再疑我。和你素日嘻皮笑脸的那些姑娘们跟前，你该问他们去。"说的个靛儿跑了。宝玉自知又把话说造次了，当着许多人，更比方才在林黛玉跟前更不好意思，便急回身又同别人搭讪去了。

　　林黛玉听见宝玉奚落宝钗，心中着实得意，才要搭言也趁势儿取个笑，不想靛儿因找扇子，宝钗又发了两句话，他便改口笑道："宝姐姐，你听了两出什么戏？"宝钗因见林黛玉面上有得意之态，一定是听了宝玉方才奚落之言，遂了他的心愿，忽又见问他这话，便笑道："我看的是李逵骂了宋江，后来又赔不是。"宝玉便笑道："姐姐通今博古，色色都知道，怎么连这一出戏的名字也不知道，就说了这么一串子。这叫《负荆请罪》。"宝钗笑道："原来这叫作《负荆请罪》！你们通今博古，才知道'负荆请罪'，我不知道什么是'负荆请罪'！"一句话还未说完，宝玉林黛玉二人心里有病，听了这话早把脸羞红了。凤姐于这些上虽不通达，但见他三人形景，便知其意，便也笑着问人道："你们大暑天，谁还吃生姜呢？"众人不解其意，便说道："没有吃生姜。"凤姐故意用手摸着腮，诧异道："既没人吃姜，怎么这么辣辣的？"宝玉黛玉二人听见这话，越发不好过了。宝钗再要说话，见宝玉十分讨愧，形景改变，也就不好再说，只得一笑收住。别人总未解得他四个人的言语，因此付之流水。

每次看到这段，笔者都不禁莞尔，好像看到这几个十几岁的少男少女在互相斗嘴，可这种斗嘴的文化档次极高，像王熙凤这种没什么文化的人根本听不明白，只是王熙凤人情练达，但见三人形影，便知其意。看到这段，你会觉得黛玉平时的牙尖嘴利在宝钗面前简直太小儿科了，别看宝钗平时温婉大方，但真要把她惹恼了也是唇舌似剑的。但如果因为这几段文字就觉得宝钗表里不一，甚至暗藏心机就言过其实了。要知道曹雪芹描写人物从来不会给人贴标签的，他笔下的人物性格饱满厚重，栩栩如生，像极了我们身边的各色人物，虽然我们离那个时代久远，但人性总是相似的。宝钗也是个十几岁的女孩子，当她的自尊心受到一次次的伤害时，她也会羞愤，也会反击，这才是一个活生生的人物，这才是曹雪芹笔下的人物。

物换星移，《红楼梦》流传于世之后，关于黛玉与宝钗的争论从来就没有停止过。可笔者总觉得这不是曹雪芹的本意，黛玉也好，宝钗也罢，都是曹雪芹倾注了大量的心血所塑造的人物，虽然性格迥然不同，她们的命运都是悲剧，个人的命运在时代的洪流下都是一叶孤舟，无论你的修养有多好，文化素养有多高，当"呼啦啦大厦倾"的时候，最终的结局都逃脱不了"万艳同悲"。

初读《红楼梦》的人切忌把黛玉、宝钗和宝玉的关系看作琼瑶剧中的"三角关系"，曹雪芹的文心笔意绝对不会这么低俗，那宝玉在这部书中的定位是什么呢？历来红学界大都认定曹雪芹是贾宝玉的原型，甚至认为《红楼梦》就是写的曹雪芹小时候的生活。对于这种观点笔者开始也是认同的，但随着年纪的增长和阅历的增多，现在慢慢认为这种说法也未必全对。宝玉在这部书中更像是一双"眼睛"，他冷眼看尽繁华凋零，目睹身边的几位奇女子的喜怒哀乐，对于她们，他是满含深情的。但曹雪芹可能性格上更偏爱黛玉，所以宝玉这双眼睛中也全是黛玉的影子。宝玉和黛玉真是一对欢喜冤家，从他们第一次见面就是充满了"戏剧性"。原文节选如下：

> 宝玉便走近黛玉身边坐下，又细细打量一番，因问："妹妹可曾读书？"黛玉道："不曾读，只上了一年学，些须认得几个字。"宝玉又道："妹妹尊名是那两个字？"黛玉便说了名，宝玉又问表字，黛玉道："无字。"宝玉笑道："我送妹妹一妙字，莫若'颦颦'二字极妙。"探春便问何出，宝玉道："《古今人物通考》上说：'西方有石名黛，可代画眉之墨。'况这林妹妹眉尖若蹙，用取这两个字，岂不两妙！"探春笑道："只恐又是你的杜撰。"宝玉笑道："除《四书》外，杜撰的太多，偏只我是杜撰不成？"又问黛玉："可也有玉没有？"众人不解其语，黛玉便忖度着因他有玉，故问我有也无，因答道："我没有那个。想来那玉是一件罕物，岂能人人有的。"宝玉听了，登时发作起痴狂病来，摘下那玉，就狠命摔去，骂道："什么罕物，连人之高低不择，还说通灵不通灵呢！我也不要这劳什子了！"吓的众人一拥争去拾玉。贾母急的搂了宝玉道："孽障！你生气，要打骂人容易，何苦摔那命根子！"宝玉满面泪痕泣道："家里姐姐妹妹都没有，单我有，我说没趣，如今来了这么一个神仙似的妹妹也没有，可知这不是个好东西。"贾母忙哄他道："你这妹妹原有这个来的，因你姑妈去世时，舍不得你妹妹，无法处，遂将他的玉带了去了：一则全殉葬之礼，尽你妹妹之孝心，二则你姑妈之灵，亦可权作见了女儿之意。因此他只说没有这个，不便自己夸张之意。你如今怎比得他？还不好生慎重带上，仔细你娘知道了。"说着，便向丫鬟手中接来，亲与他带上。宝玉听如此说，想一想

大有情理，也就不生别论了。

读者细看，宝玉的摔玉其实更像是小孩子的"作秀"，实则是为了向这个神仙似的妹妹"表个忠心"，大家莫要忘记，黛玉进贾府的时候不过六七岁的年纪，宝玉也就比黛玉大一岁多，"摔玉"这种行为发生在这个年纪，就像是一个小男孩对一个可爱的小女孩儿说："你不吃我也不要吃啦！"但在第二十九回，宝玉因为黛玉又提起"金玉良缘"，咬牙狠命地又摔过一次，这一次"摔玉"与第一次不同了，因为黛玉一再拿"好姻缘"刺激他，而他内心早就认定了黛玉，因此这一次是真的想把这"劳什子"砸了完事。可见二十多回书，宝玉、黛玉二人已经从懵懂无知的孩童，长成了情窦初开的少男少女了（十三四岁的样子）。宝玉和黛玉的爱情，大概就发生在这个时候，"郎骑白马来，绕床弄青梅"，纯真、真挚、可爱、浪漫又仙气十足，被贾母、王熙凤等人保护得小心翼翼，还特意营造了"大观园"这个人间仙境来安放这段美好的情感。小说开始说黛玉作为"绛珠仙子"是来还泪的，很多读者就觉得宝黛爱情就是一出悲剧。其实，眼泪并不一定代表悲伤，宝黛之间更多的是一种美好的时光，黛玉的泪是一种美学意义上的凄美，是伤春悲秋，是对美好事物的一种先天的悲悯，只可以说是"悲"，但绝对不是"惨"。而且随着年龄的增长，黛玉一直在成长，从小时候的得理不让人到逐渐学会了去理解别人，很多读者都忽视了她的这种成长，其实这是非常宝贵的，这一点从黛玉与宝玉和宝钗之间的相处来看尤为明显。我节选几段小说中的文字，读者自然可以看清楚黛玉的成长轨迹。

原文第八回的几段文字把小时候黛玉的那种使小性和牙尖嘴利描绘得淋漓尽致：

一语未了，忽听外面人说："林姑娘来了。"话犹未完，黛玉已摇摇摆摆的进来，一见宝玉，便笑道："哎哟！我来的不巧了。"宝玉等忙起身让坐。宝钗笑道："这是怎么说？"黛玉道："早知他来，我就不来了。"宝钗道："这是什么意思？"黛玉道："什么意思呢：来呢一齐来，不来一个也不来；今儿他来，明儿我来，间错开了来，岂不天天有人来呢？也不至太冷落，也不至太热闹。姐姐有什么不解的呢？"宝玉因见他外面罩着大红羽缎对襟褂子，便问："下雪了么？"地下老婆们说："下了这半日了。"宝玉道："取了我的斗篷来。"黛玉便笑道："是不是？我来了他就该走了！"宝玉道："我何曾说要去，不过拿来预备着。"宝玉的奶母李嬷嬷便说："天又下雪，也要看时候儿，就在这里和姐姐妹妹一处玩玩儿罢。姨太太那里摆茶呢。我叫丫头去取了斗篷来，说给小么儿们散了罢？"宝玉点头。李嬷嬷出去，命小厮们："都散了罢。"

每次看到这一段都会拍案叫绝，曹雪芹对黛玉形神的描写太精彩了。且看黛玉是怎么走来的，"摇摇摆摆的进来"几个字把黛玉那种弱柳扶风的身形和心里早就暗自不爽的神态一下就烘托出来了。再看她一进门看到宝玉的这几句话，简直是"无理取闹"。再看黛玉借着雪雁送手炉如何奚落宝玉只知道听宝钗的话：

黛玉磕着瓜子儿，只管抿着嘴儿笑。可巧黛玉的丫鬟雪雁走来给黛玉送小手炉儿，黛玉因含笑问他说："谁叫你送来的？难为他费心。那里就冷死我了呢！"雪雁道："紫鹃姐姐怕姑娘冷，叫我送来的。"黛玉接了，抱在怀中，笑道："也亏了你倒听他的话！我平日和你说的，全当耳旁风，怎么他说了你就依，比圣旨还快呢。"宝玉听这话，知是黛玉借此奚落，也无回复之词，只嘻嘻的笑了一阵罢了。宝钗素知黛玉是如此惯了的，也不理他。

薛姨妈因笑道："你素日身子单弱，禁不得冷，他们惦记着你倒不好？"黛玉笑道："姨妈不知道：幸亏是姨妈这里，倘或在别人家，那不叫人家恼吗？难道人家连个手炉也没有，巴巴儿的打家里送了来？不说丫头们太小心，还只当我素日是这么轻狂惯了的呢。"薛姨妈道："你是个多心的，有这些想头。我就没有这些心。"

最后，看看黛玉如何是直接把话"摔"到平时作威作福、倚老卖老的李嬷嬷脸上的：

说话时，宝玉已是三杯过去了，李嬷嬷又上来拦阻。宝玉正在个心甜意洽之时，又兼姐妹们说说笑笑，那里肯不吃？只得屈意央告："好妈妈，我再吃两杯就不吃了。"李嬷嬷道："你可仔细今儿老爷在家，提防着问你的书！"宝玉听了此话，便心中大不悦，慢慢的放下酒，垂了头。黛玉忙说道："别扫大家的兴。舅舅若叫，只说姨妈这里留住你。这妈妈，他又该拿我们来醒脾了！"一面悄悄的推宝玉，叫他赌赌气，一面咕哝说："别理那老货，咱们只管乐咱们的。"那李妈也素知黛玉的为人，说道："林姐儿，你别助着他了。你要劝他只怕他还听些。"黛玉冷笑道："我为什么助着他？——我也不犯着劝他。你这妈妈太小心了！往常老太太又给他酒吃，如今在姨妈这里多吃了一口，想来也不妨事。必定姨妈这里是外人，不当在这里吃，也未可知。"李嬷嬷听了，又是急，又是笑，说道："真真这林姐儿，说出一句话来，比刀子还尖。你这算了什么。"宝钗也忍不住笑着把黛玉腮上一拧，说道："真真的这个颦丫头一张嘴，叫人恨又不是，喜欢又不是。"

看过这三段文字,大家一定知道为什么黛玉在初入贾府时人缘不如宝钗的原因了吧。刚刚进府的时候,黛玉才六七岁的样子,而且经历了丧母之痛,又远离相依为命的老父亲。初入贾府,贾母与宝玉就是她最为亲近的人,尤其是宝玉,与她年龄相仿,性情相投,本来是她精神上的一种慰藉,可谁知道半路出现了一个容貌性情都在其之上的宝姐姐,她内心的那种不安全感是很强烈的,生怕她最亲近的人再次失去,这就是为什么她看似处处针对宝钗的原因。可随着她年龄的增长和与宝玉感情的一次次考验与升华,她变得不那么愤世嫉俗了,甚至学会去理解,去包容,这就是为什么到了小说的后半部你会觉得大部分人更喜欢黛玉了,包括史湘云、香菱、宝琴,甚至赵姨娘顺路卖个人情来看她,她也彬彬有礼地招待。黛玉的聪敏灵透真性情,让她的情感表达真挚、真诚。可能刚刚进贾府时接触的人或许有些"自惭形秽",但"日久见人心",这种"真"也给黛玉带来了同样真挚的爱情和友情。我们再来欣赏一下黛玉成长后的几段文字:

> 一时宝钗姊妹往薛姨妈房内去后,湘云往贾母处来,林黛玉回房歇着。宝玉便找了黛玉来,笑道:"我虽看了《西厢记》,也曾有明白的几句,说了取笑,你曾恼过。如今想来,竟有一句不解,我念出来你讲讲我听。"黛玉听了,便知有文章,因笑道:"你念出来我听听。"宝玉笑道:"那《闹简》上有一句说得最好,'是几时孟光接了梁鸿案?'这句最妙。'孟光接了梁鸿案'这五个字,不过是现成的典,难为他这'是几时'三个虚字问的有趣。是几时接了?你说说我听听。"黛玉听了,禁不住也笑起来,因笑道:"这原问的好。他也问的好,你也问的好。"宝玉道:"先时你只疑我,如今你也没的说,我反落了单。"黛玉笑道:"谁知他竟真是个好人,我素日只当他藏奸。"因把说错了酒令起,连送燕窝病中所谈之事,细细告诉了宝玉。宝玉方知缘故,因笑

道："我说呢，正纳闷'是几时孟光接了梁鸿案'，原来是从'小孩儿口没遮拦'就接了案了。"黛玉因又说起宝琴来，想起自己没有姊妹，不免又哭了。宝玉忙劝道："你又自寻烦恼了。你瞧瞧，今年比旧年越发瘦了，你还不保养。每天好好的，你必是自寻烦恼，哭一会子，才算完了这一天的事。"黛玉拭泪道："近来我只觉心酸，眼泪却像比旧年少了些的。心里只管酸痛，眼泪却不多。"宝玉道："这是你哭惯了心里疑的，岂有眼泪会少的！"

你看这段文字，黛玉的回答那么从容淡定，这是在她与宝钗消除嫌隙之后对宝玉的解释，坦坦荡荡，毫不掩饰自己过去的误判，就是一个"真"字。如果这段你还看不出黛玉的成熟，那我们再看看她如何对待赵姨娘的吧：

宝玉因让诸姊妹先行，自己落后。黛玉便又叫住他问道："袭人到底多早晚回来。"宝玉道：自然等送了殡才来呢。觉心里有许多话，只是口里不知要说什么，想了一想，也笑道："明儿再说罢。"一面下了阶矶，低头正欲迈步，复又忙回身问道："如今的夜越发长了，你一夜咳嗽几遍？醒几次？"黛玉道："昨儿夜里好了，只嗽了两遍，却只睡了四更一个更次，就再不能睡了。"宝玉又笑道："正是有句要紧的话，这会子才想起来。"一面说，一面便挨过身来，悄悄道："我想宝姐姐送你的燕窝……"一语未了，只见赵姨娘走了进来瞧黛玉，问："姑娘这两天好？"黛玉便知他是从探春处来，从门前过，顺路的人情。黛玉忙陪笑让坐，说："难得姨娘想着，怪冷的，亲身走来。"又忙命倒茶，一面又使眼色与宝玉，宝玉会意，便走了出来。

黛玉明明知道赵姨娘是顺路的人情，可她还是忙着陪笑让坐，还

"忙"命倒茶，再想想第七回她是怎样"怼"周瑞家的，她的成长难道还不够明显吗？宝玉和黛玉的爱情是超越了物质的一种情感，在这种封建大家族中，又有谁可以像他们这样在众目睽睽之下拥有一个异性知己，自己喜欢的人时时刻刻惦记自己、在乎自己，贾府的大家长还能笑眯眯地看着，就算最后没有地久天长，也是"胜却人间无数"了。

写在最后的话

《红楼梦》伟大之处在于每次读她，都会给你带来不一样的感受，而且随着你人生经历的逐渐丰富，这种感受也会随之改变。无论你是爱她的人物、爱她的情节、爱她的历史还是爱她的诗词，甚或是你爱她的美食与华服，她都不会拒绝，她就像你的一位老友，即便多年不见，再见依然让你沉醉于她的"醇厚"。一万多字的"导读"，实在导不出她的万分之一的精彩，真正要想了解她，感受她，请你夜深人静之时冲上一杯热茶，借着床头橘色的小灯，慢慢去品读吧……

思考题：

1. 你读过《红楼梦》吗？读过几遍了？
2. 《红楼梦》中的人物你最喜欢哪一位？
3. 《红楼梦》对你有怎样的人生启示？

参考资料：

[1] 曹雪芹，高鹗. 红楼梦 [M]. 上海：上海古籍出版社，1993.

读书感悟：

后 记

经过七年多的潜心准备，《锦绣文心——中华传统文化名篇名著导读》终于面世了，编者和作者激动之情无以言表。一方面兴奋于本书的面世，另一方面忐忑读者的品评。

本书分工如下：全书统筹与统稿由上海海事大学王红丽负责，序及第一篇"诗词中国美无度——《诗经》导读"为王红丽完成；第二篇"当为君子儒——《论语》导读"由娄山中学杨舒完成；第三篇"格物致知 止于至善——《大学》导读"由上海海事大学张雪红完成；第四篇"力利世界中的逆行者——《孟子》导读"及第五篇"用慧眼观万象的守道人——《道德经》导读"由上海海事大学崔玉娈完成；第六篇"重启智慧的历程——《资治通鉴》导读"由上海海事大学王树江完成；第七篇"力能排天斡九地 壮颜毅色不可求——杜甫诗歌导读"由上海中医药大学倪项根完成；第八篇"历史社会视角下的《红楼梦》——《红楼梦》导读"由上海海事大学郭娜完成。

在本书编写过程中，得到了很多领导、同事及亲友的大力相助，在此衷心感谢上海海事大学马克思主义学院董金明书记和张峰院长的大力支持和深切关心！我们也参考了大量文献资料，在此向文献作者表示诚挚的谢意！

由于水平有限，书中疏漏之处，恳请读者不吝指出。